今日の因縁【決定版】

曽我量深
Soga Ryojin

方丈堂出版
Octave

序

水島見一

本書は昭和二十八年、佐賀県唐津市《からつ》にある福成寺《ふくじょうじ》の本堂建設発起記念として出版されたものである。

昭和二十八年は、宗祖《しゅうそ》親鸞聖人七百回御遠忌《ごえんき》から同朋会《どうぼうかい》運動へと続く宗門改革の礎《いしずえ》である「宗門白書《しゅうもんはくしょ》」が発表された三年前である。大谷派宗門においては「宗門白書」によって、清沢満之《きよざわまんし》先生の宗教的信念が宗門の教学であることが闡明《せんめい》された。清沢満之先生は、それまでは異安心《いあんじん》として軽んじられていたが、それが宗門の教学の中核となったのである。そしてそのことは、ひとえに、曽我量深《そがりょうじん》先生が他力信念をもって為《な》された教学的営為に基づく獅子吼《ししく》によるものである。

さらに福成寺本堂建設発起の三年前の昭和二十五年には、多くの真人社員《しんじんしゃ》会員が宗議会《しゅうぎかい》議員となって宗門改革に着手し、その勢いに乗って昭和二十六年には清沢満之門下の暁烏《あけがらす》敏《はや》先生が総長となられたのである。暁烏敏総長は「念仏総長」と称され、それまでの宗門の借財を、南無阿弥陀仏の実践によって一気に返済した。当時は清沢満之の系譜を引く先学の活気が漲《みなぎ》っていたのである。福成寺の本堂建設は、このような熱情が勢いづく中で志願された。その結晶が「『今日《こんにち》の因縁』」なのである。

＊　＊　＊

ここに少しく、表題「『今日の因縁』」の深意をたずねてみたいと思う。

本書において曽我量深先生は、「我々今日の仕事とは何か。信心を決定《けつじょう》することである」と述べておられる。そしてその信心は、自己の「現在」（今日）に目覚めることであるとして、次のように述べられる。

仏法《ぶっぽう》の因縁、因縁の法というものによって自覚というものが成就する。その自覚の成就を現在と言う。現在がお助けの場所である。現在がなければお助けの場所はない。私共はその現在を要望しているのである。現在がなくて未来を要望するのは偽りのお助けである。また現在がなくて過去にお助けを要望するのも偽りのお助けである。現在がなければ過去も幻であり、未来も幻である。現在に満足すればそこに過去は成就している。またそこに未来が成就している。それはみんな必然である。その現在のお助けを南無阿弥陀仏と言う。その現在というものが南無阿弥陀仏である。

信心とは、自己の「現在」(今日)が因縁の法によるものであることへの目覚めであり、その「現在」を遊離すれば、未来も過去も一切が「幻」、すなわち妄念妄想である、と言われているのである。ここに南無阿弥陀仏が回向《えこう》される「現在」(今日)のあることが思われる。

すなわち、我々は、自己の一切が妄念妄想であったとの目覚めにおいて、南無阿弥陀仏の回向せられた「現在」に立つことができるのである。我々は、妄念妄想に苛《さいな》まれて生死《しょうじ》の巌頭《がんとう》に立つことができない。しかしその妄念妄想を擲《なげう》ってみれば、一切が願力自然《がんりきじねん》であることに気づかされる。ここに生死の巌頭の「現在」に立ちあがることができるのである。生死の迷いを断ち切って、生死を恐れない「現在」に生活者となる。ここに表題の意味するところがあると思われる。

＊　＊　＊

このような意味を持つ「『今日の因縁』」には、当時の福成寺の住職であられた大友《おおとも》良《りょう》照《しょう》師の曽我量深先生への帰依《きえ》の一念が込められている。そしてそれを蘇《よみがえ》らせるべく、現住職の大友法隆さんは、今これを再刊されるのである。福成寺が曽我量深先生に聞思《もんし》する聞法道場《もんぼうどうじょう》であることを、世に闡明せんがためであろう。

目次

I　今日の因縁

——曽我量深

序

今般私の講話の聞書が「今日の因縁」と題されて福成寺《ふくじょうじ》本堂建設発起記念として出版されることは偏《ひとえ》に同寺住職大友良照《おおともりょうしょう》師及び有縁《うえん》の同信の懇《ねんごろ》なる御尽誠によるものと深く感謝致している次第であります。

昭和二十八年六月

曽我量深

第一講

一　因果法と因縁法

仏の本願には、不虚作住持《ふこさじゅうじ》の功徳というものがある、と天親《てんじん》菩薩は『浄土論《じょうどろん》』「願生偈《がんしょうげ》」の中にお示しになっている。(1) 念仏には不虚作住持の功徳というものがある。その不虚作住持の功徳というのは如来の本願力である、と曇鸞《どんらん》大師は解釈しておいでになる。(2) その不虚作住持の功徳というものがあって、我々は本当にお助けをいただくことができるわけである。

大体、仏法の教というものは因縁法というものである。仏教以外の世界の諸々の宗教というものは原因結果の法則、すなわち因果法というものを説いているのである。

人間の知恵というものは因果法を出ることはできない。多くの学問や哲学も人間の知恵というものから出ている。それから人間世界の道徳というものでも、そのほか人間世界の種々の制度というものは、全て因果法でできている。

ところが因果法では、どうしても我々人間というものは割り切れないものがある。人間以外のほかの生物は因果法というものによって、大体それで割り切れていっているわけである。ひとり人間だけは因果法というものでは割り切れない。それでは人間の生活というものは割り切れないものであろう。それで結局人間は生死《しょうじ》の問題というものを持つわけである。

人間はまた、道徳実践の行でも、どうしても因果法だけでは割り切れない。そして人間は何か外には奇跡というもの、何か不思議の力というものを要望しているわけである。また人間は内には自由の意志というものを求め、外には神というものを立てる。そしてそこに霊魂不滅ということを立てる。そういうものを立てて、それならまたそれで、自分らは何もかも都合良くいくかと言うと、そういうわけにはいかない。そういうわけにはいかないから、またそういうことを立てるために、人間はまた種々な恐ろしいことを企てる。そういうものを立てなければよいが、それがなければ真っ暗であるし、そういう神を立てたり、霊魂不滅ということを立てたりすると、またそれによって苦しみというものが出てくる。割り切れないものが出てくる。だから人間は一種の宗教というもの、すなわち神とか霊魂不滅とか、そういうものでもって因果の法則ではわからぬことを証明しようとしている。そして不思議の力を持っているそういうものを立てて、自由とか平等とか独立とか、こういうものを私共は求めているのである。求めてはいるけれども、その自由や独立はどこへ行っても得られない。一方にはそういうものを求めることはいよいよ痛切である。痛切であるが、求めれば求めるほどいよいよ得られぬ。得られぬと言うと、得られなければ得られぬほど、またそういう要求は強く深まっていく。それで我らの悩みはいよいよ内攻してくる。これを「流転輪回《るてんりんね》もきわもなし(3)」と言う。その中から人間は出ることができない。

それで我々の仏法は因縁の法―あるいはまた縁起の法とも言う―というものを立てて、それをば我々に教えてくだされてあるわけである。それで縁起、因縁の法によって、その縁起、因縁の法の中に私共はいるのである。その因縁の法の中に私共はいて、法の力で育まれているのであるということを知らされるわけである。そしてその因縁の法というものが我々の上に南無阿弥陀仏と成就して、南無阿弥陀仏と回向《えこう》していただいた。それをお助けと言う。それを本願成就と言う。南無阿弥陀仏というのはこれお助けの象徴である。これ阿弥陀如来の本願の回向である。これ仏の本願の成就である。仏の本願が成就して我々は南無阿弥陀仏と仏を念ずることができるのである。つまり仏の本願は我々の身の上に南無阿弥陀仏と成就してくださる。仏の本願はどこに成就したか。またどのようにして成就したか。仏の本願の因縁は南無阿弥陀仏と我らの身の上に、私の身の上に南無阿弥陀仏と成就くだされた。それをばお助けを得たと言う。お助けを得たということは、仏の本願を南無阿弥陀仏と我々がいただくことができたということである。それを本願成就と言う。仏の本願を南無阿弥陀仏と我々がいただくことができたということをば、仏の本願が成就なされたと言う。

『大無量寿経《だいむりょうじゅきょう》』を読むと、法蔵菩薩《ほうぞうぼさつ》が五劫《ごこう》の思惟《しゆい》をし、兆載永劫《ちょうさいようごう》の修行をなさって、そして十劫《じっこう》の昔に仏が正覚《しょうがく》を成就なされたと書いてある。(4) そうすればそれは本願成就をなされたのであるから、十劫の昔に仏は正覚を成就なされた。だから仏の本願は十劫の昔に成就した。だから我々は十劫の昔に助かったのであると言う。理屈で押していけばそういうことになる。けれどもそれは、大体仏の教というものが人間の考えで考えられているからである。大体我ら人間には、十劫ということはどういうことであるかわからぬことである。わからぬことであるがおそらくは、この世界に人間がはじめて出てきた、そのはじめの時を「いまに十劫」と言うのであろうと思う。

この頃学問が発達して、人間がこの世界に出てきてからどれほどの年代を経たかと、種々の方面から類推して数理をもって大体推し測られているわけであろう。とにかく十劫ということは私共には判然わからぬことであるが、しかしおそらくは人間がはじめてこの世界に現れてきたというところを、十劫というような言葉で表してくだされてあるのであろうと、私は了解しているわけである。だから阿弥陀如来の正覚は我々人間がこの地上に現れてきた、人間がこの地上に生を受けたという、そのはじめを言うのであろうと思う。それまではこの地上にはほかの生物というものが長い間おったのであろう。そして人間がこの地上にはじめて現れてきた。そのはじめの時を指して、十劫の昔に阿弥陀如来が正覚を成就なされたと言うのであると思う。進化論という学問などがあって種々のことを言うているが、それはそういう学問に任せておけばよいのであろう。仏教では天が人間世界に天降《あまくだ》ってきたと経典に記されている。天が天降ってきたと言う。日本の国では高天原から神がこの世に天降ってきたと言う。それはいずれにしてもよいが、人間がこの世間に現れたという、その人間がこの世界に現れたはじめの時を、十劫の昔と経典に記されてあるのではなかろうかと思う。それは自分の思いつきであるかもしれないが、一応そういうように了解しているわけである。だから人間がこの娑婆世界に生まれたということ、この世に人間が産声をあげたということが、阿弥陀如来の成仏と、阿弥陀如来の因位《いんに》法蔵菩薩の本願が成就して、この世に人間がはじめて根を下ろしてきたと、こういうことをお示しになってあるのが、十劫の昔に正覚をなされたということであろうと思うわけである。だから、

弥陀成仏のこのかたは
いまに十劫をへたまえり
法身《ほっしん》の光輪《こうりん》きわもなく
世《せ》の盲冥《もうみょう》をてらすなり(5)

と和讃《わさん》に記されている。とにかく我々の祖先がこの世界に出て今日までの、今日の礎を築き上げたそのはじまりを十劫と言う。今日の世間の学問をかれこれと批評すべきものではなかろうと考えて、自分はこういうように了解しているわけである。それはそれとしておいて、それも本願成就の一つの事柄であろうが、しかし『大無量寿経』の上巻では今のように十劫の昔に阿弥陀如来が成仏なされたと記されてある。だから「弥陀成仏のこのかたは、いまに十劫をへたまえり、法身の光輪きわもなく、世の盲冥をてらすなり」と和讃にも述べられているわけである。

ところが『大無量寿経』の下巻のはじめに出ているところの本願成就の文、本願成就ということをまさしく記されてあるところの経文から見ると、南無阿弥陀仏ということは、

我々が「聞其名号《もんごみょうごう》、信心歓喜《しんじんかんぎ》」(6)と如来の本願をいただいたことである。その時まさしく阿弥陀如来の本願が成就したのであると記されてある。そのことを記した文を本願成就の経文と言う。これが真実教と言われるものであると親鸞聖人は教えくだされてあるわけである。これはつまり、大体『三部経《さんぶきょう》』の中で『観無量寿経《かんむりょうじゅきょう》』の一巻、『阿弥陀経《あみだきょう》』の一巻、『観無量寿経』も『阿弥陀経』も一巻であるが、『大無量寿経』は上下二巻に分かれている。『大無量寿経』を『大経《だいきょう》』と言う。『阿弥陀経』を『小経《しょうきょう》』、小さい経と言う。小さい経であるから値打ちがないのかと言うと、そういうわけではない。中に書いてあることが簡単で、また量が少ないから『小経』と言う。量が少なく簡単に書いてあるところに、また尊い謂れがあるのである。『大無量寿経』は、上下二巻に分けてお示しになってあるところに『大無量寿経』の尊さがある。だから『大経』というのはただ量が多いから『大経』と言うのではない。

『大無量寿経』を中国の法相《ほっそう》宗の大徳たるところの憬興《きょうごう》法師が解釈されて『述文讃《じゅつもんさん》』という書物を作られた。その書物というものが、親鸞聖人が『大無量寿経』の註釈書として読まれた唯一の註釈書である。憬興師の書かれた註釈書のほかに、浄影慧遠《じょうようえおん》法師が『大無量寿経』の註釈書を書かれた。親鸞聖人は、慧遠の書かれたものがその当時までに日本に来ていたのか、また来ておらなかったのか、あるいはまた来ていても読まれる縁がなかったのか知らないが、慧遠の註釈書は『教行信証《きょうぎょうしんしょう》』に全く引用しておられない。ただ一人憬興法師の『述文讃』の言葉だけを数々引用して、『大無量寿経』を読まれるについては『述文讃』を非常に珍重し、また深く敬意を表して読まれた。そういうことが『教行信証』を拝読するとわかるわけである。

その『述文讃』の中にこういうことが書いてある。『大無量寿経』の「上巻は如来浄土の因果を明す」、またそれに対して「下巻は衆生《しゅじょう》往生の因果を明す」と[7]。このことは『教行信証』の「行巻《ぎょうのまき》」に引いてある。これは憬興師の『大無量寿経』解釈の科文である。この科文《かもん》を親鸞聖人は「行巻」に引いておられる。だからこれは大体間違いないわけであろう。上巻は如来浄土の因果を明かす。如来の浄土の因果、阿弥陀如来が浄土を建立《こんりゅう》なされて、その浄土に我々衆生を迎え取って、そしてお助けくださる。その浄土の因と浄土の果を上巻には示している。まず浄土の因を詳しく示し、次に浄土の果を示して、こういうように具《つぶ》さに如来の浄土というものを我々に与えてくださる。我々の生活の上に浄土というものを与えてくださる。こういうわけである。

浄土へは我々は死んでから往くのであるから、浄土はこの生には何もならぬ。未来に浄土へ往くのであるから、浄土はこの現在の我々の娑婆世界には何も関係はないと、このように大概の人は考えているようであるが、そうではない。阿弥陀如来の本願というものは、この生において私共に浄土というものを与えてくだされるのである。この生では我々は娑婆世界にいるので、浄土とは何も関係のないものであると思うているが、そういうものではない。現在に、この生に私共はやはり浄土というものを与えられているのである。この生では我々はただ、自分でもって苦しんでいる。だからこの生のことは自分で解決していく。この生が終わってから、浄土は未来になってから与えてくださるのであろうと思うているかもしれないが、そういうわけのものではない。なるほど我々が浄土の証を得るということはこの生の終わるところにある。未来にある。未来と言うけれども、この生の終わりを未来と言う。この生の終わるところに、いつでも浄土はひらいてある。この生の終わるところというのはいつであるか。この生の終わりというのは一息先のところにある。出ずる息は入る息をまたず。この生の終わるところというのは三十年先四十年先のことであろうと、そんな風に考えているから、浄土は未来になってから与えてくださるのであろうというように考えるのである。そういう風に私共が考えるのは妄念妄想である。妄念妄想は我々が考えるからである。妄念妄想は因果の法である。因果の法は人間の理屈である。

理屈で考えるから浄土は死んでから先の遠いところにある。浄土は遠く見えぬところにあると言う。けれども仏の本願に立ち帰れば浄土は目前にある。南無阿弥陀仏に立ち帰れば浄土は目前にある。いつでも浄土は目前にある。仏の本願の因縁というものをいただけば、いつでも浄土は目前にある。浄土は一息先にある。浄土は人間の呼吸のところにある。だから我々は浄土を呼吸している。私共はこれ浄土を呼吸しているのである。だから浄土は空気である。空気がなかったら私共は息が詰まってしまう。浄土がなかったら私共はこの生において息ができない。浄土があって私共はこの生で息ができる。浄土がなかったら私共はこの生で息が詰まってしまう。浄土があるので私共はこの生で息ができる。だから浄土ほど私共に近いものはない。それを私共は遠いところに置いている。そして因果の法を分別している。原因結果を分別して、私共は浄土の果を遠いところに置いている。これは人間の分別であり、人間の分別は妄念妄想である。それは人間は妄念妄想だとは思うていないが、仏から見れば妄念妄想である。人間の分別は妄念妄想である。分別によって散乱《さんらん》蠢動《しゅんどう》する。散乱蠢動しているから一心一向が成り立たぬ。一心一向が成り立たないから浄土はどこか遠いところにあって、我らには何の縁もゆかりもないように思うている。未来にそのようなものがあるのかと思うている。

如来の本願の因縁、南無阿弥陀仏というところに現在というものがある。現在というのは、私共は現在々々と言うているが、自分の助かったところを現在と言う。現在というのはどういうものであるか。現在というものは、私共は過去と未来の中間にあるものであろうと、過去も長い過去があり、未来にも長い未来がある。その過去と未来の交叉するところに現在がある。だからその現在は一瞬間であり、幻のようなものであると思うている。過去と未来をとってしもうて現在というものを考えると、幻のようなものである。そのようなものを現在だと考えている。幻を現在だと考えたりするものであるから、現在のほかに過去があったり未来があったりするように考えるのである。そして自分の現在では何か現在というものはおさえることのできないものであると思うている。だから過去に立場を置こうとしたり、また未来に立場を置こうとしたりする。現在に立場を置くことができない。現在に立場を置く手がかりがない。だから電光石火のごとく、現在というものはおさえてみれば忽然《こつねん》として現れ、また忽然として消えていく。そして現在というものがきた元《もと》もわからぬし、また現在が消えてどこへ往くのかもわからぬ。だからしっかりした本当の現在というものもわからぬ。それを迷いと言う。

我々は自分の分別で考えている。人間の分別は因果法である。我々は因果のつながりというもののところに心を置いて見るものであるから、過去に因がある。因は過去にある。果は未来にあると考えている。そうすると現在はほんの幻に過ぎぬ。現在は過去と未来の中間にある幻に過ぎぬ。こういうように、人間は原因結果の法則の頭だけで考えているから現在がない。たとえ現在はあってもそのような現在は夢幻であろう。だからそういう現在には落ち着く場所がない。だから過去に落ち着く場所を求めたり、未来に落ち着く場所を求めたりする。過去や未来に落ち着く場所を求めたりするけれども、過去はすでに過ぎ去ってしもうた。また未来はいまだこない。だからそういう過去や未来に安心はない。安心というのは心の置き場所である。我々の安心をそういう過去や未来に置こうとしても置くことができない。それでは助からぬ。だから私共は本当の現在というものを与えていただかなければならぬ。現在に心の安定する場所、現在に心を安置する場所を与えてもらわなければならぬ。その現在を与えていただくことを回向と言う。

如来は私共に現在を回向してくださる。自力観念の世界には過去と未来しかない。現在はない。如来が私共に与えてくださるのは現在というものである。現在というものを如来は私共に与えてくださる。それをお助けと言う。過去と未来だけで、現在というものがないなら何も仏の世話にならなくてもよい。ただ観念をしておればよい。我々の自力観念の世界には過去と未来しかない。観念には現在というものがない。観念には必ず過去か未来しかない。過去と未来の二つしかない。

阿弥陀如来の本願というものは現在というものを私共に与えてくださる。それをお助けと言う。それを不虚作のお助けと言う。阿弥陀如来の本願力を不虚作住持の功徳と名づけられている。不虚作の虚は空しくと言う。偽りということである。作はなすと言う。空しくなさない。すなわち阿弥陀如来の本願をいただけば空しく迷うということがない。我々人間は一体何を求めているのかと言えば現在というものを求めているのであろう。我々が求めているのは現在である。現在を求めてそして過去に迷い、未来に迷うている。我々が求めているのは現在である。そしてまた真に求むべきものは現在である。我々は現在を求めていながらしかも現在を得ない。現在を得ずして過去に迷い、未来に迷うている。我々が求めているものは現在であるが、その現在が得られない。我々の考えは因果法の世界から抜け出ることができない。因果法には現在がない。因果法には現在という場所がない。現在という場所がなければ現在を得ることはできない。場所のない時間を我々人間は求めている。だから因は過去にあり、果は未来にある。だから自力の観念では人間はどんなに因果の法則にしたがって現在を求めても現在を得ることはできない。現在を得られぬから現在は幻しかない。

大概、迷信邪教というものは幻の気休めを与えるだけである。我々のほうからは迷信と言う。教のほうからは邪教と言う。そして満足ができなければ過去のほうにお助けを求めたり、未来にお助けを求めたりするのである。それでは本当のお助けではない。それでは過去も観念であり、未来も観念である。因は過去にある、果は未来にある。だからどうしてもそこには現在というものはできてこない。そういう観念の話を聞くと、ちょっとありがたい。ありがたいがそのような話をいくら聞いてもお助けというものはない。たとえお助けがあってもそれは幻のお助けである。そういう話を聞くといかにもありがたそうではあるが、そういうお助けは偽りのお助けであり、夢幻のお助けである。そういうものは自分が自分を欺《あざむ》くものである。自分を欺くものであるから、自分がまた欺かれる。欺かれるのも自分であるし、欺くものも自分である。自分以外に欺くものもなければ欺かれるものもいない。現在というものがないから自分を欺き、また自分が欺かれるのである。

一切は現在があって過去も成り立ち、未来も成り立つものである。現在がなければ過去も成り立たず、未来も成り立たぬ。だから過去も未来も現在が与えられてはじめて成り立つものである。現在が与えられるところに過去があり、未来がある。そういう現在を包んで過去があり、そういう現在を孕《はら》んで未来がある。

現在は過去に包まれ、未来を孕んでいる。そこに過去も現在も未来も事実である。現在がなければ過去も現在も未来も全て偽りである。

二　安住と安立

阿弥陀如来の本願というものは、本当に現在というものを私共に知らしてくださるのである。その現在というものが私共の安住《あんじゅう》する場所である。その現在の安住がお助けである。不虚作住持の住持というのはすなわち安住である。不虚作というのは現在である。住持は安住である。不虚作住持ということは、すなわち現在安住ということである。不虚作住持の功徳、阿弥陀如来は私共に現在安住の権利を成就してくださる。仏教で功徳というのは権利ということである。現在安住の功徳、すなわち現在安住の権利を私共の身の上に成就してくださる。その現在に一切が満足する。未来も現在に満足し、過去も現在に満足成就する。その現在に久遠の過去も永遠の未来も悉《ことごと》く現在に安住している。それを南無阿弥陀仏と言う。久遠《くおん》の過去と尽未来際《じんみらいざい》、永遠の未来と一切を南無阿弥陀仏と回向《えこう》される。それをお助けと言う。それを未来のお助けに預かったと言う。またそれを過去が助かったと言う。それは私共に現在を与えて、過去の罪を知らしてくださる。また現在を与えて、未来の生死《しょうじ》の苦をお助けくださった。未来の生死の苦をお助けくださった。それを如来の回向と言う。如来の回向があるから現在がある。如来の回向を現在と言う。その現在を如来は回向成就してくださる。その現在を如来は私共に回向成就してくださって、私共はどのような環境にも安心して怖れない。どのような環境を与えくだされても、どのような順境、どのような逆境にあっても我々は安心して、そういうものに圧迫されぬ。どのような環境であってもそれを受けていく、またそれに堪えていく、またそれを乗り超えていく、それに打ち克っていく、またそれを立てていく、こういう力を与えてくださる。そして私共はそれに感謝していく。感謝し、満足していく力を与えてくださる。

私共は幸福とか不幸とか言うて、自分と没交渉のことを考えている。幸福とか、不幸とか、自分と没交渉のものを幸福とか不幸とか言うている。不幸とか禍《わざわ》いとかいうものは偶然のものであると思っている。禍いを神が与えた。これは偶然である。自分には関係のないものである。外のほうから偶然にやってきた。だから我々は偶然に禍いを得たり、幸福になったりするものであると言う。そういうものを運命論と言う。因果の法則の世界だけで見れば偶然しかない。因果の世界には必然ということがない。人間の考えは因果の世界である。人間は因果の世界を一歩も出ることはできない。しかし人間の分別では割り切れないものが出てくる。だから因果の世界ではその割り切れないものを不可解とするのである。昔の哲学の歴史にも懐疑論というものがある。因果法だけで考えてくると必然というものがない。たとえ因果法で因果の必然ということなどを言うてみても、本当は必然であるという根拠がない。だから結局因果の世界には偶然しかない。それは自分に自覚がないからである。その自覚というものはどうしてできるかということになれば、仏法の因縁、因縁の法というものによって自覚というものが成就する。その自覚の成就を現在と言う。現在がお助けの場所である。現在がなければお助けの場所はない。私共はその現在を要望しているのである。現在がなくて未来を要望するのは偽りのお助けである。また現在がなくて過去にお助けを要望するのも偽りのお助けである。現在がなければ過去も幻であり、未来も幻である。現在に満足すればそこに過去は成就している。またそこに未来が成就している。それはみんな必然である。その現在のお助けを南無阿弥陀仏と言う。その現在というものが南無阿弥陀仏である。

南無阿弥陀仏と言うた時は、自分の計らい、原因結果、因果の綱渡りをするところの我が計らいを捨てる。そしてそういう人間の分別の因果を捨てて、過去の因も未来の果も全て現在の中に成就する。現在の中に南無阿弥陀仏と、現在に満足する場所を与えてくださる。そういう場所というのは何か。浄土である。だから阿弥陀如来の本願は、私共にそういう現在の場所を与えてくださる。南無阿弥陀仏という本願は、我々に浄土を与えてくださる。だから南無阿弥陀仏のないところに浄土はない。因果の法則で浄土はあるかないかと探してみたところで浄土は出てこない。南無阿弥陀仏の本願が、南無阿弥陀仏と我らの生死海に回向してくだされた。だから、生死の世界にいながら、私共は南無阿弥陀仏とその生死を恐れない。南無阿弥陀仏と浄土が与えられているから生死を恐れない。生死に妨げられない。生死を恐れないのは浄土が与えられているからである。浄土が与えられているところにどんな苦しみも恐れぬ。どんな苦しみも、人間の苦しみは生死ということである。生きるか死ぬかというのが人間の苦しみである。ただ死ぬということが人間の苦しみではない。死ぬか生きるか、その瀬戸際を苦しみと言う。我々人間は本当に死ぬこともできなければ、本当に生きることもできない。その生きることもできず、死ぬこともできないそういう瀬戸際に我々は追いまくられ、そして我々は苦しみ悩んでいる。それを我々は、因果の世界では、そういう本当の苦しみの境地というものはわからぬ。だから妄念でそういう境地を恐れている。本当に生死の巌頭《がんとう》に立つことができない。生死の巌頭に立つことができないのを迷いと言う。本当に生死を断ち切って生死を超える。生死を断ち切って生死を恐れない。本当に生死の巌頭に立つことができたのを、お助けを得たと言う。それを安住とも安立《あんりゅう》とも言う。生死の巌頭が現在安住の場所である。また安立の場所である。安立、各々《かくかく》安立という言葉が『大経』上巻の終わりのほうにある(8)。安住、住というのは現在に住する。安立というのは未来に立つ。安立は立ち上がる。安住というのは現在に安住する。安立は現在に安住して立ち上がる。立ち上がるには態勢を整えなければならぬ。安住がなければ立ち上がれない。安住があるからいつでも立ち上がることができる。また立ち上がるから態勢を整える。立ち上がる。立ち上がるところに、常に未来に対応していくことができる。未来に対応して恐れない。だから、立ち上がるところに、いよいよ安住することができる。安住して態勢を整えることができるから、またいよいよ立ち上がることができる。だから現在に安住あり、安立がある。こういうわけである。

だから、阿弥陀如来の本願は、現在というものを私共に与えてくださる。自力の観念には現在はないものである。自力ではたとえ現在はあっても、その現在は幻である。自力の現在は偽りであり、幻である。永遠の現在、真実の現在というのは不動の動である。不動にして動、動にして不動、それを現在と言う。不動にしてしかも動、動にしてしかも不動、不動にして動であるのを安立と言う。動にして不動であるのを安住と言う。住というのは不動である。立は動である。不動にして動を安立と言う。動にして不動を安住と言う。安んじて動く、また動にして安んずる。それを安住安立と言う。安住があるから安立がある。安立があるからまた安住がある。現在というのは動と不動と一つになる。それを現在と言う。我々人間の考えでは、動か不動かどちらかであろう。動いている時は不動ではないであろう。また動かないでいる時は動ではないであろうと言う。不動の時動いたらたいへんである。汽車が動いたらたいへんであると思うている。汽車が止まっていたなら東京へ行くことができぬ。汽車は無闇に動こうものならたいへんである。動けばどこへ行くかわからぬ。どこへ行くかわからぬなら汽車が動けば恐ろしい。しかし汽車が動かなければ退屈である。だから人間はどうしても助からぬ。現在安住のない世界はそういうものである。現在安住の世界は動にして不動、不動にして動である。だから動いてもよし、動かぬでもよし、安心して動いても不動であり、不動にして動である。それを現在と言う。

現在というものは時々刻々に変わる。変わるけれども、どんなに変わっても変わらぬ安心がある。それを回向と言う。それは人間の自力の観念ではない。自力の観念ではそういうことは判然と領解できないことである。だから自力の観念ではただ過去に迷い、未来に迷う。そして自分は現在にいると思うている。そういうのは現在に関係のない現在である。幻の現在である。だから未来にも安心がないし、過去にも安心がない。だから過去と未来にさ迷うばかりである。年寄りなどは何かと言うと、自分らは若い時はこうだったと言う。昔は、自分らは何もかも偉かった。年が寄るとこの頃の若い者は要らぬ者扱いにし、馬鹿にする。また年寄りは年寄りで、年が寄ると何もかも仕方のないものだと言う。そういう者に限って昔も余り偉くなかったに違いないし、現在も偉くないに違いない。そしてまた現在は不満であって、今はいまだこんな者であっても七転び八起きということがある。今まではつまらなかったが、これからだと力んでいる。こういうのはみんな妄念妄想というものである。そのような妄念妄想は何にもならぬ。

現在というところにそこに過去も未来もある。現在というところに目印がある。現在に象徴がある。現在に象徴と言うて、そこにみんな動いている。だから私共は過去というところに止まっている。過去に住している。過去に帰ることができるのは現在があるからである。現在に過去を包んでいる。現在に過去を包んでいるところに安住がある。またその現在には未来を孕んでいる。現在に未来を孕んでいるところに安立がある。南無阿弥陀仏というところに安住の場所があり、南無阿弥陀仏というところに安立の未来がある。南無というところに我々の安住がある。阿弥陀仏というところに安立がある。安住と安立、過去と未来、南無と阿弥陀仏、それが共に現在に成就している。安住安立一体である。過去と未来が現在に成就している。それを機法《きほう》一体の南無阿弥陀仏と言う。そこに私共は現在というものがあって、そこにちゃんと私共は安住して安らかである。安らかであってしかもそこに勇みがある。力がある。安らかであると言うと力がないと思うかもしれないが、そうではない。力がある。力のない安らかさというものではない。内に力が満ち満ちて安住安定している。安住安定のできるところに力満ち満ちて安立がある。安定があるから安立がある。安定があるから勇みがある。勇みのあるところに未来がある。現在の勇みが未来を成就している。また現在の安定が過去を成就している。だから忍辱《にんにく》と言う。どのようなものにも、またどのようなことが起きてきても、それに耐えていく力というものを成就している。どのような環境にも耐えていく力を成就しているところに、現在に過去を成就している。またその現在に精進の力が溢れている。精進の力が溢れているところに未来を成就している。南無阿弥陀仏にはそのような道理を成就している。

南無阿弥陀仏には過去を成就し、南無阿弥陀仏には未来を成就している。そして現在の上に、過去と未来とを包んで現在というものを私共に与えてくださる。自力の計らいでは現在というものがない。だから自力の計らいではどうすることもできない。因果の法則ではどうすることもできない。因果の法則で考える時は、自分は外にいる。自力の観念をするのであるから、自分は外にいる。鉄のカーテン(9)を引いて自分は何もしないでいて人間を革命すると言う。自分を革命しないでいて社会を革命すると言う。観念の世界はみんなそうである。革命の主体は自分自身である。自分自身が革命されなければならぬものである。それができるのは如来の因縁法だけである。因は自分であり、縁は他力である。如来の縁の力により自分を成就してくださる。私共に現在を与えてくださる。だからお助けというのは自分のいるべき場所を与えてくださる。その場所を浄土と言う。

その現在の場所というのは何かと言えば、娑婆と極楽とを摂《おさ》めて現在と言う。娑婆と極楽と一つになったところに現在がある。娑婆だけで極楽がなかったら安心はない。娑婆だけしかないなら我々は首をつらなければならぬ。娑婆と極楽との二つが分かれてくる根本のところに現在がある。娑婆と極楽とは深い関係をそこに持っている。我々は、娑婆と極楽は縁もゆかりもないものと思うているが、そうではない。娑婆と極楽の二つの世界は阿弥陀如来の本願のところでは接触している。そしてこの二つの世界というものは、その限界を判然としている。娑婆と極楽の二つの世界が、その限界を判然として分かれてくる。

二つの世界が分かれてくるので、そこに不安というものがある。その二つの世界が分かれてくる根本のところを判然と知らせていただく、そこに現在というものがある。だから、それを私共は明らかにいただくべきものと思うのである。

私共は「後生《ごしょう》の一大事」(10)と、後生のことばかり聞いているが、現在ということがあって後生ということがある。現在のないところに後生はない。後生ということがわからぬのは現在がないからである。だからいくら説教を聞いていても現在というものを本当に判然と聞かないから百年聞いても助からぬ。助からないのはちゃんと助からぬ証拠がある。現在ということを判然しないから助からぬのである。説教も現在のない語だけになっている。話だけ聞いていても助からぬのは当然である。

註

(1)『真宗聖典』東本願寺出版、一三七頁参照。
(2)同前、三一六頁参照。
(3)同前、五〇四頁。
(4)同前、一四頁参照。
(5)同前、四七九頁。
(6)同前、四四頁。

（7）同前、一八二頁参照。
（8）同前、四三頁。
（9）一九四六年三月五日、アメリカ、ミズーリ州フルトンでのチャーチルの演説で有名になった言葉。バルト海のシュチェチンからアドリア海のトリエステまで、ソ連が閉鎖的なカーテンを下ろしていると皮肉った（『角川世界史辞典』角川学芸出版、六二四頁）。
（10）『真宗聖典』八〇〇、八四二頁。

第二講

一　本願成就して現在あり

仏の本願が我々衆生《しゅじょう》の身において、南無阿弥陀仏と成就してくださる。本願成就は南無阿弥陀仏。南無阿弥陀仏と我々衆生の上に、本願が成就してくだされた。それを現在と言う。それをお助けと言う。だから仏のお助けによって、現在ということがはじめて存在するのである。現在というものの中には過去と未来の二つを成就してあるわけである。その過去のほうは娑婆世界、未来のほうは安楽浄土である。その二つを摂《おさ》めて現在としている。だからつまり、現在というのは娑婆世界を捨てて浄土に向かう。それを往相回向《おうそうえこう》と言う。娑婆も浄土も現在の中にある。娑婆も浄土も現在の中にあるが、娑婆というのは現在の中の過去である。浄土というのは現在の中の未来の方面である。そして、南無阿弥陀仏と仏を念ずる時に、娑婆を捨てて浄土に向かう。

南無阿弥陀仏と念ずる時に、往相というものが我々の身の上に成就する。それを往相回向の大行《だいぎょう》と言う。だから、南無阿弥陀仏は往相回向の大行であるということになるわけである。

仏法というものがない時は我々人間の論理しかない。人間の論理というものはどういうものか。人間の論理は因果法である。原因結果の法則というものである。だから我々人間の論理、人間の論理の力、人間の分別、こういうものによっては、私共はどこまで行っても迷いというものを離れることはできない。だから人間の論理から言えば、迷いを離れるということは奇跡であると言う。奇跡を持ってこないと、迷いを離れることができないと言う。その奇跡というものが阿弥陀如来の本願の中に入ってくると、臨終来迎《りんじゅうらいこう》と言う。

臨終来迎の願というのは奇跡信仰であろう。臨終来迎の願は奇跡信仰の残りものである。阿弥陀如来の奇跡信仰と言うと少し勿体《もったい》ないが、奇跡信仰の残りものが第十九願のところに残っている。それを阿弥陀如来はちゃんと承知していなさる。承知して自分は暫《しば》らく残りものになろうと、人間を真実の道へ方便誘引しようとして、第十九願を発《おこ》された。方便誘引、誘はいざなう、またさそう。引はひくという字である。いざない引く。人間が因果法の中にいて因果法を出ることができない。人間は因果法の中にいて、どうしても人間の考え、人間の論理でもって因果法を出ることができないから、そこに奇跡ということを信仰する。宗教の上に人間は奇跡というものを求めているわけである。だから、仏教以外のどの宗教でも一種の奇跡というものを説いている。そして人間の道徳的な方面、そういうものに奇跡というものを持っていくと、意志の自由ということを言う。人間は自由意志というものを持っている。人間が万物の霊長たる所以《ゆえん》は意志の自由があるところにあると言う。意志の自由があるということは、これは一つの奇跡を立てることである。意志の自由ということを立てて、その意志の自由ということが成り立たない。成り立たないから、神というものを立てて神の実在ということを立てる。意志の自由ということから神の実在を要請する。また神の実在ということが要望されて意志の自由ということを要請する。神の実在、それに対応するものが意志の自由というものである。また霊魂不滅という一つの要請というものがある。そういうものは人間の自由意志というものに対応しているものに違いない。意志の自由ということはやはり一つの奇跡であろう。

こういうのはみんな奇跡信仰であり、因果法だけで一切を解釈していくからこうなる。因果法だけで一切を解釈していくことになると自分は因果法の中に入らぬ。因果法の中に入らぬ自分というものがあるのであろう。因果法の世界だけであると言うと、鉄のカーテンの中に不思議なものが立て籠っているに違いない。ソ連（当時）はいつも鉄のカーテンの中に立て籠っている。また中共（中国）は少し鉄のカーテンがあるが、まあ竹のカーテンの中に立て籠っている。またアメリカは鉄のカーテンを作っておらないようであるが、観念のカーテンを作っている。人は鉄のカーテンを作っていると言うが、自分にカーテンはないかと言うと観念のカーテンを作っている。そこに霊魂不滅とか全智全能の神とか、内には霊魂不滅ということを立て、外には全智全能の神ということを立てている。これはやはり一つの観念のカーテンである。カーテンの形は鉄や竹や観念や種々ある。鉄や竹は物質であるが、物質のカーテンか観念のカーテンか、いずれにしてもカーテンがあることは間違いない。

阿弥陀如来の本願の中にもカーテンがある。それを「胎生」《たいしょう》(1)と言う。浄土の中に正覚《しょうがく》の蓮華《れんげ》というカーテンがある。浄土にもやはり胎生往生というものがある。その浄土の蓮華は蕾《つぼみ》のままで花を開かない。蓮華の蕾の中に五百年。五百年の蓮華のカーテンを作ってその蓮華の蕾の中にちゃんと立て籠っている。そうしている限りやはり善因善果、悪因悪果の因果法である。そして罪福《ざいふく》を信じ善本《ぜんぽん》を修習《しゅじゅう》している。過去において深く罪福を信じ仏智不思議を疑うて三宝《さんぼう》を見聞《けんもん》しない。そして自分は元の木阿弥である。自分は蓮華というカーテンの中に立て籠って善本を修習し、廃悪修善《はいあくしゅぜん》とか息慮凝心《そくりょぎょうしん》とかを修習している。定善《じょうぜん》は息慮凝心、散善《さんぜん》は廃悪修善、定善か散善かいずれかである。これはみんなどういうところに根拠があるか。それは因果応報に根拠がある。三世《さんぜ》因果というものをそういう根拠で見ている。そういう理論の根拠があって、定善だの散善だのと言うている。本当の自分の魂は蓮華というカーテンの中に立て籠っていて、元の木阿弥である。何も如来の智願、仏智不思議を信じない。

仏智不思議の誓願とは何か。現在ということである。現在というものを与えていただくことである。我々にあるものは過去と未来である。過去と未来を我々は観念している。たとえ我々が観念してみたところで、因は過去にある。果は未来にある。因はすでに亡んでしまった。果はいまだこない。だから安心がない。たとえ我々に過去や未来があっても、それは観念の過去であり観念の未来であるから安心はない。だから智慧がない。だから経に、胎生のものは智慧がないということが書いてある。親鸞聖人はその経の言葉を自分の言葉に直して、「胎生のものは智慧もなし(2)」とおおせられている。信心の智慧、信心は智慧であるとおおせられている。その智慧がない。だから仏智不思議を信ずることができない。信ずることができないのは蓮華のカーテンの中に自分は立て籠っているからである。だから仏智の不思議をいただくことができない。

仏智不思議というのは何を我々に与えてくださるのか。それは永遠に変わらぬ現在を私共に与えてくださるのである。現在の眼をひらかしてくださるのである。現在の眼をひらくことによって過去を見通し、また未来を見通す。それを現在と言う。その現在の眼をひらかぬものを「胎生のものは智慧もなし」と言う。人間の分別の世界ではたとえ八万の法蔵《ぞう》を知っていても過去と未来しかない。現在と言うても幻である。現在が幻であれば過去も未来も幻の過去であり、幻の未来である。悉《ことごと》く幻である。因果法の現在は幻である。何もないものである。現在というものは稲妻のごとく、ただある。だから捉えようとするといつの間にか消えてしまう。またピカッと光る。さあ捉えようと言うとまた消えてしまうている。全く有為転変《ういてんぺん》である。だからそういうものは現在でも何でもない。ただ時間だけが転々と移り変わる。それを我々は現在だと思うている。そういうものは「現にもあらず夢にもあらず」と言う。そのないものをおさえようと言う。それが迷信であり、邪教である。だから自分はこの宗教を信ずるようになってから金を貯めたとか病気が治ったとか言う。今病気を治してもろうたと言うても、明日病気にかからぬという証拠はどこにもない。何で病気が治ったかということには問題もあるであろうが、一応信仰で治ったと言うてもよいが、また別の病気が出てきたらどうか。また治らぬ病気というものもあるに違いない。そういうものも現在だと思うている。しかしそのようなものは現在でも何でもない。

現在というのは南無阿弥陀仏である。南無阿弥陀仏を現在と言う。南無阿弥陀仏は如来のお助けである。南無阿弥陀仏は仏の本願の成就である。ただ南無阿弥陀仏は成就ではない。南無阿弥陀仏というのは仏の本願である。その仏の本願南無阿弥陀仏が、南無阿弥陀仏と我らの身の上に成就してくだされた。それをお助けと言う。だから我ら仏法のお助けは如来の回向ということである。如来の回向をお助けと言う。

二　摂取不捨と如来の回向

だから大体、仏法においてお助けということについては、本当は如来の回向《えこう》をお助けと言う。ところがもう一つお助けということがある。それは摂取不捨《せっしゅふしゃ》ということである。摂取不捨について和讃《わさん》には、「十方微塵世界《じっぽうみじんせかい》の、念仏の衆生《しゅじょう》をみそなわし、摂取してすてざれば、阿弥陀となづけたてまつる」(3)、また『教行信証《きょうぎょうしんしょう》』の「行巻《ぎょうのまき》」に、

　いかにいわんや、十方群生海《ぐんじょうかい》、この行信《ぎょうしん》に帰命《きみょう》すれば摂取して捨てたまわず。かるがゆえに阿弥陀仏と名づけたてまつると。これを他力と曰う(4)。

とおおせられている。摂取不捨が阿弥陀如来、その阿弥陀如来がすなわち他力であるという解釈もある。そうすると、お助けというものには、如来の回向ということと摂取不捨と二つあるようである。

法然《ほうねん》上人の教を受けた方々は大勢おられるが、その多くの弟子たちは、法然上人から摂取不捨ということはみんな聴聞《ちょうもん》していなさる。ところがそれらの方々は、如来の回向ということは一向法然上人から教えてもろうておられない。同じ法然上人の教を受けながら、ただ一人親鸞聖人だけが如来の本願力回向ということをいただいておられる。ほかの人々

は摂取不捨ということだけ聞いている。これは一体どういうわけか。これは、私は考えてみるのに、ほかの弟子たちは教を受け、法を求めて法を聞いておられるが、その法を聞くところの自分、どうすることもならぬ自分、現在の自分、そういうものを一向に問題にされなかった。それを鉄のカーテンの中に封じ込んで、いわゆる人間の分別の知恵をもって、最も大切な我というものを鉄のカーテンの中に隠している。そして原因結果の計らいの心をもって、法然上人の教を聞いた。だから摂取不捨ということだけはいただくことができるが、如来の回向ということは一向にいただくことができなかった。これは、法然上人が特別に如来の回向という言葉を使われなかったということもあるであろう。だから、多くのお弟子たちは、摂取不捨ということだけはいただくことができたが、如来の回向ということは一向にいただくことができなかった。だから摂取不捨だけが如来のお助けであると思うておられた。摂取不捨が他力であると親鸞聖人もおっしゃっている。それは、ほかの弟子たちにも一応いただくことができた。けれども、その摂取不捨ということはどういうことかと、もっと突っ込んでいかなければならぬ。

摂取不捨と言うと、丁度風呂敷の中に――バスケットでもよい――バスケットを持って市場へ買い物に行く。そして野菜やリンゴや菓子、あるいは卵、そういうものを入れて帰ってきた。そういうのが摂取不捨だと思うていた。阿弥陀如来の摂取の光明の中に、我々が摂め取られていることのように思うていた。バスケットもカーテンの一種である。それが自分であったらどうするか。自分の生きた魂を、卵や菓子のように扱うて話を聞いている。

私は、この前の親鸞聖人の六百五十回忌のさらに前、私の青年時代に、蓮如上人《れんにょ》の四百五十回の御遠忌《ごえんき》が勤まった。その時、ある有名な才能のある老学者の話を聞いた。その方はその時、「光明とは一体何ぞや、光明とは風呂敷である」と言われた。光明は風呂敷のようなものであると話された。私はありがたそうなことを言われるものだと感心して聞いていた。しかし品物なら風呂敷に包んでもよいが、生きた我々人間が摂取の光明の風呂敷に包まれるとは一体どんなことか。風呂敷というのは譬喩である。譬喩一分と言うて譬喩だけでは本当のことはわからぬ。猫も風呂敷に包んだりすると、ニャンと言うて逃げ出してしまう。風呂敷に包むのはリンゴや卵のような品物だけである。摂取の光明に摂めとられるとは、風呂敷に包まれていることではない。

摂取の光明というのは人間の煩悩妄念に碍《さまた》げられないということである。尽十方無碍光《じんじっぽうむげこう》如来《にょらい》ということを光明とおおせられるに違いない。だから『阿弥陀経《あみだきょう》』には、舎利弗《しゃりほつ》、汝《なんじ》が意《こころ》において云何《いかん》。かの仏を何のゆえぞ阿弥陀と号する。舎利弗、かの仏の光明、無量にして、十方の国を照らすに、障碍するところなし。このゆえに号して阿弥陀とす。(5)

と書いてある。それを『観無量寿経《かんむりょうじゅきょう》』に移してみると「光明遍《あまね》く十方世界を照らす。念仏の衆生を摂取して捨てたまわず(6)」と書いてある。この二つの言葉を善導《ぜんどう》大師は『往生礼讃《おうじょうらいさん》』の中に「『弥陀経』及び『観経《かんぎょう》』に云く(7)」として、

彼の仏の光明は無量にして、十方国を照らすに障礙《しょうげ》する所無し。唯《ただ》念仏の衆生を観そなわして、摂取して捨てざるが故に阿弥陀と名く。(8)

とおおせられている。『阿弥陀経』には「障碍するところなし」とあるが「摂取して捨てたまわず」とは書いていない。「無所障礙」が摂取不捨ということである。摂取不捨ということだけを聞くと、風呂敷にでも包むというように見える。阿弥陀如来は八万四千の光明という大風呂敷を拡げて、そして八万四千の煩悩を持っている我々を、その大風呂敷に包んだと、摂取不捨をそういうように譬えるが、そのようなことではない。

『観経』は方便教であるから摂取不捨と説いてある。『阿弥陀経』には念仏の衆生を招喚して、仏の光明の中に摂めとって障碍するところなしとある。障碍するところなしという

ことが本当の念仏ということである。念仏はいかなる我らの煩悩妄念をも碍げない。碍げないからまた碍げられない。そこにはじめて摂取不捨ということが成り立つ。観念は煩悩妄念にかき乱される。観念は人間の因果の法則というものを土台にして成り立っている。だから、観念は我々の種々の環境からくる煩悩妄念のために立場を失ってしまう。けれども南無阿弥陀仏は、どんな煩悩妄念の中からでも、その煩悩妄念を打ち破って現れてくださる。南無阿弥陀仏は、その煩悩妄念のために碍げを受けない。どんなに環境が変わっても、それに碍げられない絶対無限の微妙なるはたらきを持っているということをば「摂取して捨てたまわず」とおおせられたのである。だから摂取不捨ということにはその本《もと》がなければならぬ。その摂取不捨の本《もと》は如来の本願力回向ということである。

法然上人の教というものを親鸞聖人は、その教の中の教の体を南無阿弥陀仏、教全体を南無阿弥陀仏といただかれた。南無阿弥陀仏の中に自分を投げ込んで、そして自分をその南無阿弥陀仏の中に見出した。それが親鸞聖人である。法然上人は、本願力回向ということをおおせられたかおおせられなかったかということはわからぬ。法然上人に常随昵《じょうずいじっ》近《きん》(9)しておられた三百八十余人の弟子の中、誰一人として如来の本願力回向ということを聞かなかった。それを親鸞聖人ただ一人聞かれた。聞いた者はただ一人である。聞かなかった者が大多数である。多数決で言うと、親鸞聖人は少し気が狂うているのではないかと思われるところである。ほかのお弟子の誰に聞いても、自分は如来の回向ということは聞かぬと言う。聞かないほうが絶対多数である。聞いたほうはただ一人。せいぜい味方はあっても熊谷直実《くまがいなおざね》、そのほかにもう二、三人おった。みんな合わせて四人くらいである。それと一方は三百八十余人である。回向と言うと、こちらのほうから仏のほうに振り向ける。回向は振り向け振り向ける。念仏を振り向けることによって自分の心は振り向く。回向ということは、仏のほうから我々のほうに向くということはあるまいというのが、三百八十余人の主張するところである。一方は四人、一方は三百八十余人の絶対多数である。多数決で言うと絶対に勝つわけはない。けれどもこれは多数決で議決するわけにはいかぬものである。たった一人でも、如来の回向ということを身をもって聞いたことを証明する者があるなら、聞かない者が千万人あっても、聞いた一人の言うことが正しい。千万人の人が摂取不捨ということを聞いた。それはリンゴが風呂敷に包まれたようなものである。そういうお助けを聞いてもお助けの証拠はない。仏の本願の風呂敷の中で自分は暴れている。南無阿弥陀仏の中で自分は暴れている。南無阿弥陀仏の中で自力観念の煩悩妄念が暴れていたら、それで何のお助けであるか。そのような人が何万人もいて如来の回向ということを聞かなかったと言うても、それは鉄のカーテンの中に立て籠っていたからである。

　如来の回向が現在のお助けである。摂取不捨は現在のお助けではない。単なる摂取不捨は観念のお助けである。如来の回向ということによって、我々の身にお助けをはじめていただくのである。これは、親鸞聖人は法然上人の教を受けたということよりも、法然上人に遇ったということが重大事件である。ほかのお弟子たちは、法然上人に遇ったということとは何でもないことであった。法然上人はこの頃、新仏教を称えて専修念仏《せんじゅねんぶつ》ということを言うている。専修念仏と言うているが、一体それはどういうわけか。結局いくら専修念仏のことを聞いても、原因結果の法則しかない。その原因結果の法則の中に自分が入ってこない。だから自分は神秘的存在である。解釈ができない。念仏を称えていても、自分の因果法に当て嵌《は》めて考えているから自分がいない。因果法で聞いているから、法然上人の教も因果法にしか聞こえない。自分がその中にいない。だから念仏を称えても念仏を称えるのは自分である。念仏は念仏、自分は自分である。いくら念仏を称えても念仏と自分がある。だから念仏は浄土へ往生しても、称える自分は往生ができない。念仏は空転している。念仏は向こうのほうから来たから向こうのほうへ行く。人間は依然として元の木阿弥である。これは蓮華のカーテンに閉じ籠っている。だから「三宝《さんぼう》を見聞《けんもん》せざるゆえ、有情利《うじょうり》益《やく》はさらになし」(10)、無利益である。

これはよく注意してみると、親鸞聖人は幼くして両親に訣《わか》れ、孤児である。孤児で出家《しゅっけ》得度《とくど》された。それはおそらく両親を助けたいという願いであったのであろう。両親を助けるには、まず自分自らが助からなければならぬ。だから両親を助けようと出家得度した。出家得度すれば両親は助かる。こういうわけで出家得度された。昔から「一子出家すれば九族天に生まる」(11)ということが言われていた。一軒の家で一人出家得度すると、一家一族みんな天に生ずると言われていた。天に生ずるということは助かるということである。とにかく自分が出家得度すれば、両親もみんな浄土へ生まれることができる。こういうわけであろう。だから親鸞聖人は、自分が出家得度したら、必ず浄土で両親に遇うことができると、はじめは無邪気な考えで出家得度なされた。出家得度してもの心がつくようになると、自分は本当に浄土へ生まれようと思うて出家得度したが、本当に浄土へ往くことができるか。こういう問題が出てきた。

浄土に往生するという問題。これは未来にお浄土へ往くと、南無阿弥陀仏を称えて未来に浄土へ往くと、そんなことを言うてそれでよいのであろうか。それでよいくらいなら仏法はわからぬ。何かわからないが阿弥陀如来の本願というものがあるそうだ。だから念仏を称えてさえおれば、阿弥陀如来は臨終に来迎してくださる。そうすると、その阿弥陀如来に連れられて浄土に往生するのであると、こんな風に我々は考えている。また『観経』にはそういう風に書いてある。『観経』は人間の自力の迷信の粕《かす》を残してきた。それを臨終来迎と言う。それは一つの神秘主義である。そういうことで判然と浄土へ生まれることができるという証拠はない。だからそういうこともあろうかとあてにしている。臨終来迎というのは、あてにもならぬことをあてにしている信仰である。だから第十九の願を見ると仮令《たとい》とある。第十九の願は仮令の願である。「寿《いのち》終わる時に臨んで、たとい大衆《だいしゅう》と囲《い》繞《にょう》してその人の前に現(12)」ずると、仏のほうでも私は迎えに往くと言うが、私の往くのが遅れて間に合わないかもしれない。仮令と言うてある。だからこればかりはしっかりと約束することはできない。「自分はお前を迎えに往かぬ先にお前は地獄へ往ってしまうかもしれぬ」と言う。だから、浄土へ生まれようと思ったところで、確かに浄土へ往くことができるという証拠はない。

人間は、因果の縄に縛られて仏智不思議をいただけない。無碍の利益をいただくことができない。無碍光の利益をいただくには、まず如来の回向をいただかなければならぬ。如来の回向をいただいた者が、はじめて無碍光の利益をいただくことができる。だから浄土真宗のお助けは如来の回向ということである。如来の回向があって摂取不捨がある。法然上人の弟子でも、ほかの人は摂取不捨のお助けである。如来の回向のない単なる摂取不捨は観念のお助けである。摂取不捨は未来を約束している。未来を約束するのは観念である。観念には未来と過去しかない。現在はない。だから西山《せいざん》では十劫安心《じっこうあんじん》と言い、鎮西《ちんぜい》では臨終に助かると言う。過去か未来しかない。現在は入ってこない。それはなぜかと言えば原因結果の法則しか知らないからである。人間の分別で考えているからである。人間の分別は因果法である。

仏法の正しい教は因縁ということである。因と縁と和合して果というものが出てくる。我らが如来の縁というものをいただいた時に、はじめて因果というものの中に我というものが入ってくる。因と縁という時はじめて我々がその中に入ってくる。それを摂取不捨と言う。如来の回向のない摂取不捨は観念である。だから風呂敷のような光明に摂め取られると言うても、鉄のカーテンがあって、そのカーテンに立て籠って自分というものが因果の中へ入ってこない。自分は因果法の外にいる。だからいくら説教を聞いても現在ということが入ってこない。如来の縁というものがあってはじめて現在ということが入ってくる。説教でいくら法蔵菩薩《ほうぞうぼさつ》の話を聞いても昔話でしかない。説教で法蔵菩薩の話を聞いても、昔の楠《くすのき》正成《まさしげ》や聖徳太子《しょうとくたいし》や親鸞聖人の伝記を聞いたようなものである。そのような話を聞くといくらかありがたいかもしれぬ。しかしいくらありがたくても鉄のカーテンを引いている。鉄のカーテンを引いて鉄のカーテンがとれない。鉄のカーテンをとるとどのようなひどい目に遭うかもしれないと思うて、鉄のカーテンをいつまでもとろうとしない。蓮華のカーテンに立て籠って開放しない。そういう者に現在はない。如来の回向のないところに自分は照らされておらぬ。それを照らされていると観念をしているに過ぎない。念仏を称えても自分は外にいる。念仏の外にいて念仏を称えている。念仏を称えていながら、自分は念仏の中にいない。だから念仏を称えたら極楽に往生すると思うているが、自分がいない。自分は因果法を信じて念仏を称えている。だから念仏は浄土へ往くが自分は元の木阿弥である。こういうことは昔から聖典にも記されている。だから我々は如来の回向ということをしっかりいただかなければならぬ。

三　浄土宗独立の意義

如来の回向《えこう》ということ。これは、法然上人は言葉の上では本願力回向ということをおっしゃらなくても、法然上人の一言葉一言葉が本当に自分にひしひしと迫ってくる。その一言葉一言葉が法然上人自身である。その言葉のほかに法然上人はおられない。またその一言一言が自分である。その法然上人の言葉と自分とが一つになっている。そこに本願力回向が現在に成就している。だから法然上人は言葉をもって本願力回向ということをおっしゃらなくても、法然上人は身をもって本願力回向をいただいて話しておられる。それだからまた聞く自分に一言一言名乗ってくる。それが、現在がないと自分に響いてこない。だから現在がないと、未来はどうなるどうなると、未来のことばかり言うている。現在がわかると未来はわかってくる。未来も間違いないということをいただくことができる。だから親鸞聖人は、

しかるに煩悩成就《ぼんのうじょうじゅ》の凡夫《ぼんぶ》、生死罪濁《しょうじざいじょく》の群萌《ぐんもう》、往相回向《おうそうえこう》の心行《しんぎょう》を獲《う》れば、即の時に大乗正定聚《だいじょうしょうじょうじゅ》の数に入るなり。正定聚に住するがゆえに、必ず滅度《めつど》に至る。(13)

とおおせられている。正定聚に住するがゆえに必ず滅度に至る。だから正定聚の中にすでに正定聚を超えて滅度を摂めている。だから現在の正定聚で満足することができる。現在の正定聚で何の不足もない。定聚に住すれば滅度は目前にある。正定聚を獲る時に人間のいのちは一息の先にある。一息先に、目前に未来の滅度は輝いている。浄土真宗の教は二《に》益《やく》の教である。その二益の中で正定聚が大切である。正定聚に住するがゆえに必ず滅度に

至る。仏の本願は必至滅度である。第十一願は必至滅度の願と親鸞聖人は了解なされたのである。(14) 必至滅度の願があるから我々は正定聚に住せしめられる。だから正定聚に住すれば必ず滅度に至るとおおせられてあるわけである。だからお助けということは如来の回向により現在に正定聚に住せしめてくださる。こういうのが親鸞聖人の教であり、蓮如上人の化導《けどう》というものである。

前に話した不虚作《ふこさ》住持《じゅうじ》の利益を真実のお助けと言う。如来の回向をお助けと言う。如来の回向がないのにお助けお助けと言うているのは観念のお助けである。観念のお助けは人間を臨終まで追いつめる。それまでは不定《ふじょう》であるのが不定聚である。不定聚では安心ができないから、「こうであろう、ああであろう」と邪定《じゃじょう》する。「こうであろう、ああであろう」と言うのが邪定聚である。「こうでもなかろう、ああでもなかろう」と言うのが不定聚である。大概多くの者は不定聚である。不定聚では淋しいから、「ああであろう、こうであろう」と邪《よこしま》に決める。人間の計らいで決める。それが人間の計らいで決めても決まらぬからまた、「ああでもなかろう、こうでもなかろう」と本《もと》の不定聚に帰ってくる。不定聚と邪定聚は裏表である。

法然上人の教には邪定聚と不定聚しかなかった。だから法然上人までは第十一願を住正定聚の願と読んでおられた。正定聚に住せしめようという願であった。第十一願は必至滅度の願であるということは誰もわからなかった。これは親鸞聖人が、法然上人に遇って自分のいのちを投げ込んで、第十一願を必至滅度の願と読まれたのである。第十一願を読むと、「設《たと》い我仏を得たらんに、国の中の人天、定聚に住し、必ず滅度に至らずは、正覚を取らじ」(15)とある。親鸞聖人以前の方は、第十一願は正定聚に住せしめようという願、住正定聚の願とはじめから決めていなさる。七高僧の釈を読んでもそれが判然としない。七高僧は、自身は判然としていなさるのであろうが、七高僧の聖教《しょうぎょう》を読んでもそのことは判然とはわからぬ。これは時代というものがあって、時代が第十一願の意義を判然と徹底することができなかったわけであろう。

法然上人が浄土宗を建立《こんりゅう》したのは何のためかと言えば、現生《げんしょう》に正定聚に住せしめんためである。法然上人が浄土宗の独立ということを宣言されたということは、現生不退、念仏によって現生に助けられるということを明らかにせられたということである。現生、現在の生に助けられるという法然上人の一つの確信、そういう一つの確信をもって浄土宗を興《おこ》されたのに違いない。仏教教義の歴史、教会の歴史というものがあるならば、いずれのほうから見ても法然上人以前は、浄土宗は寓宗《ぐうしゅう》というものであった。『観経』が大体それを表している。『観経』は聖道門《しょうどうもん》と浄土門の位置を決めている。『観経』では聖道門が仏教の本宗、浄土門は仏教としては第二流、寓宗の教証となっている。浄土門は聖道門の観念もできない人を方便誘引するところの教となっていた。だから浄土門は寓宗、阿弥陀如来は釈迦牟尼仏《しゃかむにぶつ》の宿借りをしていた。阿弥陀如来は家を持たず、釈迦牟尼仏が本家である。阿弥陀如来はこの世に家を持たない。だから釈尊《しゃくそん》の座敷の一間を借用していた。それは歴史の事実である。釈迦牟尼仏は第一、阿弥陀如来は第二である。だから阿弥陀如来は釈尊に「どうぞよろしくお願いします」とたのんでいなさる。経には、阿弥陀如来は諸仏の中の極尊《ごくそん》であると書いてあるが⒃、それは観念である。そう書いてあっても阿弥陀如来は釈尊より位が低い。釈迦牟尼仏のおかげで阿弥陀如来は息をしている。それを法然上人は、このような仏教の歴史は間違っている、と言われた。時がこなかったから本来の仏法の精神が隠れているのであって、本来は阿弥陀如来が本家であって釈迦仏は分家である。このような、阿弥陀如来が仏法の根本であるということを、歴史の事実の上に証明せんがために、法然上人は浄土宗の独立を宣言した。観念では阿弥陀如来の光明は諸仏中の極尊であると言うていた。しかし歴史の事実は釈迦を本家とし阿弥陀如来を寓宗の位置にしていた。そこに法然上人はいのちを捨てて聖道門から独立して専修念仏の一宗を建てられた。これすなわち現生不退である。法然上人の言葉の中には現生不退や如来の回向ということがあろうがあるまいが、浄土宗を聖道門より独立せしめたということの具体的事実がそれを証明している。独立の一宗を建てたということは、仏教三千年の歴史の上においていまだかつてないことである。歴史を破って浄土宗の独立を宣言した。その宣言の中では、諸善万行を捨てて、ただ念仏の一行を押し立てていく。今まで阿弥陀如来の本願を観念の位置に置いていたが、それを本当に歴史の事実の上に建てた。

親鸞聖人は、浄土宗建立の精神が、法然上人に遇われるまではわからなかった。法然上人の姿を拝まれた時、これはただ人ではない、これ現生不退の事実であると感得された。静かにして勇ましい姿、動にして不動、不動にして動の姿、誰がどんなことをしかけてきても法然上人は泰然自若《たいぜんじじゃく》としておられる。泰然自若としておられるが、その力は仏教の歴史を書き換えた勢いを示しておられる。

本師源空《ほんじげんくう》世にいでて
弘願《ぐがん》の一乗ひろめつつ
日本一州ことごとく
浄土の機縁あらわれぬ

智慧光のちからより
本師源空あらわれて
浄土真宗をひらきつつ
選択本願《せんじゃくほんがん》のべたまう(17)

あの和讃を見てみなさい。阿弥陀如来の本願は超世の本願とやら光明中の極尊とやら、それをいくら観念で学んでも観念しか出てこない。それを法然上人は歴史の上に浄土宗を独立せしめた。歴史の上に証明した。それを歴史の上に証明することができたところに現生正定聚がある。

法然上人の浄土宗建立の意義はどこにあるか。法然上人は寓宗としての浄土宗を独立せしめたという新しい一つの歴史を作った。そして阿弥陀如来の本願が釈迦如来の出世の本意であるということをこの現在の歴史の上に証明した。今までは観念で喜んでいた、それを世界中の人に歴史の上に証明した。それができたということを浄土真宗と言う。浄土真宗というのは「重誓名声聞十方《じゅうせいみょうしょうもんじっぽう》」(18)である。これは経には超十方とある。親鸞聖人では聞十方とある。阿弥陀如来の名声は十方に超えて十方に聞こえるであろう。「重誓名声超十方」、「重誓名声聞十方」。これを観念で独りよがりを言うているのでは未来信仰である。

それを歴史の事実の上に証明するところに現生正定聚ということがある。それを、身をもって歴史の事実の上に、自信《じしん》教人信《きょうにんしん》をもって証明した。これ法然上人の歴史的事業である。これ現生正定聚ということである。この現生正定聚ということを、身をもって歴史の大地の上に証明した。これ浄土宗建立の意義であると親鸞聖人はいただかれた。それが如来の本願力回向であるということを親鸞聖人はいただかれた。それをいただかれたところにはじめて本願が成就した。

本願成就ということは、法蔵菩薩《ほうぞうぼさつ》の兆載永劫《ちょうさいようごう》の修行が南無阿弥陀仏と我が身において成就したということである。南無阿弥陀仏が南無阿弥陀仏と我が身の上に成就すればその南無阿弥陀仏は歴史の事実となる。心だけで仏の本願をいただいたのは観念である。我が身の上に、歴史の事実の上にいただかれた。それを「正信偈《しょうしんげ》」に書かれたのが「重誓名声聞十方」である。

註

（1）『真宗聖典』八一頁。
（2）同前、五〇六頁。
（3）同前、四八六頁。

(4)　同前、一九〇頁。
(5)　同前、一二八頁。
(6)　同前、一〇五頁。
(7)　『真宗聖教全書』一、大八木興文堂、六五三頁。
(8)　同前。
(9)　常随は「常についていく」という意味、昵近は「なれ親しむこと。また、なれ親しんでいる相手の人」という意味で、ここでは「常に側について仕えること」という意味。
(10)　『真宗聖典』五〇六頁。
(11)　『仏教故事名言辞典』新人物往来社、七四頁。
(12)　『真宗聖典』一八頁。
(13)　同前、二八〇頁。
(14)　同前、参照。
(15)　同前、二八一頁。
(16)　同前、三〇二頁参照。
(17)　同前、四九八頁。
(18)　同前、二〇四頁。

第三講

一　仏恩報謝とは反復の生活ということ

阿弥陀如来のお助けということは、南無阿弥陀仏と仏をたのみたてまつることができたということである。仏に縋《すが》ってそれからどうなるのかということではない。もしそういうことになれば仏は手段になる。仏に縋ってどうなるのか、どういう効果があるのか、と言うのではない。ほかの宗教ではやはり神や仏に縋ると言う。そしてその神や仏に縋るのは何のためか、また信ずるとどういう効能があるかと言う。こういうのがほかの宗教の神や仏に縋る方向である。しかし阿弥陀如来に縋るということはそういうこととは違う。縋ることができるということがお助けである。仏に縋ってからそれからどうすると言うのではない。縋ることができたということがお助けである。縋るというそれ自体が目的であり、手段ではない。仏に縋ってそれからまたお助けを求めるのではない。縋ることができたということがお助けである。仏に縋ることができるようにせしめてくだされた。仏の本願の因縁によって一心一向に阿弥陀如来の本願に絹ることができるということが、絹らしめられたということである。それが本願成就ということである。それでもうすでに目的を達したのである。それを蓮如《れんにょ》上人が、我々にわかりやすいように『御文《おふみ》』八十通の中に明らかに示しておいでになるわけである。

それは現在ということを教えてくださる。「阿弥陀仏後生《ごしょう》たすけたまえ(1)」、それが現在である。現在のお助けである。現在ということを我々に与えてくださる。現在の自己、自己の現在、自己の現在の場所を我々に与えてくださる。阿弥陀如来の本願によって南無阿弥陀仏と我らに現在の場所を与えてくださる。現在に我が身を安住《あんじゅう》する場所を我々は持たない。我々は、何を求めて悩んでいるかということは、我々にはわからない。それを仏は、「お前らが求めているものは現在ということである。お前らが求めていながらしかも求めているものを得ないで苦しんでいるのは、現在に自身の身を置くべき場所というものを持たないからである。現在の自分というものを持たない。現在に自分の身を置くべき場所を持たないということはすなわち流浪人、つまりさ迷うている旅人である。さ迷うているのは現在ということがわからぬからである。それでお前らはさ迷うているのである」とおおせられる。

それで南無阿弥陀仏ということは、我らが身を置くべき現在の場所を我々に与えてくださる。それをお助けと言う。それを如来の回向《えこう》と言う。その如来の回向は我らに安住すべき現在の場所というものを与えてくださる。「今ここにおれ」という場所を私共に知らしてくださる。それをお助けと言う。だから仏に縋って南無阿弥陀仏と、南無阿弥陀仏と仏に縋る。阿弥陀仏後生たすけたまえ。我らが今度の一大事、後生お助けくださいと仏に縋ることができる。仏に縋ることができたということが、我らの念願の成就である。我らの念願がそこに成就した。我らの念願が成就したというのは、仏の本願が成就したということである。この道理を明らかに我らに教えくだされてあるのが『大経《だいきょう》』下巻に示されているところの本願成就の経文である。

その我らに現在というものを与えていただいたなら、我らの生活の歩く方向はどこにあるか。その歩く方向は反復と言う。また従果向因《じゅうかこういん》と言う。果より因に向かう。結果を通して原因、そのよってくる因に向かう。現在は結果である。現在にいるべき場所を与えていただいた。それをお助けと言う。そのお助けを得た現在に安住し、その現在のよってくるところに向かって反復していく。よってくる源に向かって帰っていく。現在の結果から過去の因に帰っていく。これがつまり、私共が如来のお助けというものをいただいたところの生活の方向というものである。我ら現在を持たない者は、常に未来というものに向かう。明日に期待する。今日の現在を持たない者は明日に向かって幸福を求める。

蓮如上人の『御《ご》一代《いちだい》記《き》聞書《ききがき》』を読むと、「仏法には、明日と申す事、あるまじく候う(2)」と話されている。これは蓮如上人が日常の物語として常に門徒の人々に話をなされた最も重要なお言葉であって、また親しみのある上人の自信教人信《じしんきょうにんしん》のお言葉であろう。仏法には明日ということがない。大切なことを明日に延ばすということはない。「仏法には、明日と申す事、あるまじく候う」とまず何よりも先に仏法の大切なことを聴聞《ちょうもん》しなければならぬ。何よりも先に仏法を聞いてお助けを得なければならぬということを、蓮如上人はいつも極めて親切な心をもって教えくだされているわけである。

人生には何が大切であるかと言えば、如来の救済を得るということである。如来の救済を得るということは真実の信心を得るということである。まことの信を決定する。これが我々人生の最も大切なことである。これは明日に延ばすべきことではない。我々今日の仕事とは何か。信心を決定することである。これは、我々は年寄ってから仏法を聞こうなどと考えてはならぬ。いつでも思い立った時に仏法は聴聞しておかなければならぬ。だから我々が本当の自己と、自己の問題、自己の自覚ということについて目を醒ますような年齢になるなら、まずもって正しい教、正しい信仰を確立しておかなければならぬ。人生は正しい信仰からはじまる。正しい信仰があって人生ははじまる。また一方から見れば人生は正しい信仰に終わる。人生は正しい信仰にはじまり、正しい信仰に終わる。だから何よりも先に如来の救済を得るということが自身の問題でもあり、また自分の子どもを教育すべき問題でもある。まず何よりも先に自身の問題であり、自分自身がまず正しい信仰に眼をひらかなければならぬ。それがまた妻子を教育する正しい教となる。「わが妻子ほど不便なることなし(3)」、自分の妻子を勧化できないことほど不愍《ふびん》なことはない。その妻子を勧化するには、まず自分が正しい信仰の眼をひらかなければならぬ。自分が信仰の眼をひらいたなら、まず最も一番近いところの妻子が正しい信仰の眼をひらかれるようにしなければならぬと蓮如上人の『御一代記聞書』にもある。

だから我らの信心生活というのは元《もと》へ元《もと》へと帰っていく方向である。他力信心というのは信を得たら、その信心はどうして今日ここに成就したかと、信心成就のよってくるところを求めていく。そのよってくるところを求めていくということが仏恩報謝《ぶっとんほうしゃ》ということである。信心を得たからこれからは仏恩報謝をするのだと、我々は殊《こと》によるとそういう風に考える。またそのように学者は考え、また布教者もそういう風に考える。そしてそういうように布教しているということはないことでもない。けれども信心生活の方向というのはそういうものではない。信心生活の方向というものは、そのよってくるところを求めていく。信心は如来よりたまわったものである。如来よりたまわったというそこから、如来の本願というものに向かって我らの生活というものは本《もと》へ戻っていく。それが信心生活というものである。信心生活というものは、内面によってくるところを内へ内へと向かっていく。自分を超えて如来の願心に帰っていく。流れの根源を究めていく。それが信心生活である。それを仏恩報謝と言う。それを知恩報徳《ちおんほうとく》と言う。信心を得たということを鬼の首でも取ったことのように思うたり、また信心を得た後は仏恩報謝をするのが信心生活であると解釈するということは、教が歪《ゆが》められてきているのである。憶念の心ということは、昔信心を得たから昔信心を得たことを思うのであると、殊によるとそういう風に思うている者があるかもしれないが、そういうものではない。

　信心は現在の結果である。信心はまた涅槃《ねはん》の真実の因である。因であるがお助けという一つの結果である。結果としての事実である。だからして信心を得て今度はその御礼を申すと、極めて通俗的な言葉で蓮如上人はお話をなされるわけであろう。だから蓮如上人の御化導《ごけどう》の『御文』などを拝読しても、「信心を得て我らの救いは済んでしまった。だから今日からは仏恩報謝をする日暮しである」と、こういうように二つ仕切りをして読む学者もある。学者の中にはそのような考えで講釈をし、またそのように講釈した『御文』の講録などはたくさんある。信心を得たというのでこれでもう一大事は卒業した。だから今度はゆっくり仏恩報謝をするというように考え、またそのように講釈をし、布教する人がないわけでもないと思う。けれどもそれは、私は考え違いをしている学者ではないかと思う。

信心というものは如来よりたまわった。だから如来よりたまわった信心はまた如来に帰らなければならぬ。如来よりたまわったという自覚はまた当然如来に帰る。如来に帰るというのが信仰生活の必然の方向である。自力の信心、自力で固めた信心であるならば未来に心が走っていくということは当然である。これまた臨終来迎《りんじゅうらいこう》を期するということは当然である。目的と手段という範疇《はんちゅう》の下《もと》にその信心は何のために得たか。これは未来に浄土往生をしようと思うて得たのであると言う。信心の目的は浄土往生と、信心を手段として浄土へ往生するのであるという教もある。それがすなわち聖道門《しょうどうもん》である。聖道門というのは信心を手段としてどうかお助けくださいませと言う。そこまでいけばお助けを未来に置く。その信心というものによってお助けを得たのではない。信心はお助けを求める心であると言う。だから信心によってお助けを求めなければならぬと言う。お助けを求めなければならぬということがわかってから信心によってお助けを求めるということになると、信心は信心、お助けはお助けである。信心とお助けは別々である。信心を得てもお助けはいまだない。信心を得たということは、お助けをいまだ得ていないということになるわけである。だから信心の力によってお助けを求めていく。これすなわち第十九の願の臨終来迎を求める心であり、また第二十の願の果遂《かすい》を求める心であると思う。第二十の願は「果遂せずんば、正覚《しょうがく》を取らじ」(4)、果遂を求める信心であると思う。これは自力の信心である。自力の信心は従因向果の道である。因から果のほうへ向こうていく。果のほうへと結果のほうへと進む。これは自力の信心である。

他力の信心というのは、信は如来よりせしめられた結果である。せしめられた。そのせしめたもう如来の本願へと帰る。これを反復と言う。それを仏恩報謝と言う。仏恩報謝とは如来へ帰る生活である。『大経』に、法蔵菩薩《ほうぞうぼさつ》が五劫《ごこう》に思惟《しゆい》し兆載永劫《ちょうさいようごう》の修行をして、阿弥陀如来となられたことが詳細に記されてある。これは、我らの信心により兆載永劫の修行を潜って五劫思惟の本願に帰った。信心は五劫思惟の本願に帰る。これは親鸞聖人が、「弥陀の五劫思惟の願をよくよく案ずれば、ひとえに親鸞一人がためなりけり」(5)とおおせられた。「よくよく案ずれば」と言うのは、現在助かった身について五劫思惟の願をよくよく案ずる。五劫思惟の願を反復していく。五劫思惟の願に向かって帰っていく。我らの信心は五劫思惟・兆載永劫の修行の成就である。南無阿弥陀仏と如来の回向をいただいたのである。そのいただいた南無阿弥陀仏は我らの身にいただいた。だから、そのいただいたという南無阿弥陀仏の立場に立って、その南無阿弥陀仏のよってくる本《もと》へ帰っていく。それが他力回向の信心の歩む方向である。

我々は、明日はどうなる、明日はどうなると、明日を空想している。それは今日ということがわかったなら、我らはそこに安住することができる。だから我らは今日のよってくるところへ帰っていく。それを「弥陀の五劫思惟の願をよくよく案ずれば、ひとえに親鸞一人がためなりけり」とおおせられる。自力の信心は信心を因として往生を求める。信心から往生へ往生へと求めていくのであろう。それがすなわち外へ外へと、心が内から外へ歩き出す方向である。他力の信心は信心が結果である。だから他力の信心は果から因に向かう。自力の信心は因から果に向かう。他力の信心は信心を今日の結果とする。信心は如来よりたまわった。そのたまわった信心から如来の本願に帰る。それを「弥陀の五劫思惟の願をよくよく案ずれば、ひとえに親鸞一人がためなりけり」とおおせられる。「ひとえに親鸞一人がため」というのは、弥陀の五劫思惟の願が親鸞一人がためであったという御開山の今日の喜びである。その今日の喜びのよってくるところを見れば、今日親鸞をしてあらしめんための仏の御苦労であらせられた。だから仏とは今日になって突然遇うたのではない。今日遇うたのは今日にはじまったのではない。多生曠劫《たしょうこうごう》の因縁によって今日遇うことができたのである。仏の五劫思惟・兆載永劫の因縁によって今日の親鸞はあらしめられた。だから、今日の親鸞があらしめられた結果を通して、今日の親鸞をしてあらしめたもう法蔵因位の本願に帰っていく。せしめる本願に帰っていく。我らはあらしめられた。あらしめられたというのは信心である。その信心を結果として、せしめる本願に帰っていく。せしめるというのは本願である。だから、せしめられた結果を通して、せしめる本願に帰っていく。親鸞聖人の和讃《わさん》などにも、他力のせしむるということが回向であるということをおおせられてある。

回向と言うと何か品物でももらうことのように、これをお前にやるぞと仏は言われているのだと、こんな風に考えているようである。せしめるということが如来の本願力である。だからそうせしめずんばおかぬというその如来の本願力が成就して、今日そうせしめられた。そうせしめられたということを「信心歓喜《しんじんかんぎ》、乃至一念《ないしいちねん》」(6)とおおせられた。至心回向ということは如来のまことがついに空しからずして今日我らをしてあらしめたもうた。すなわち我らはあらしめられた。我らがあらしめられたということは多生曠劫の如来の本願力によると親鸞聖人はいただかれた。そういうようなことは蓮如上人の『御文』では判然といただくことはできない。八十通の『御文』を読めばそういうことが書いてある『御文』もあると思う。しかしながら『御文』を読んでも従因向果《じゅういんこうか》の道というように読まなければならぬ『御文』もたくさんあると思う。これはおそらく蓮如上人の時代の一般の国民が緊張を欠いていた。そのような時代に蓮如上人が出られたから従果向因の道が従因向果の道で説かれているようなところがある。従因向果の道では親鸞聖人の教は了解できない。親鸞聖人の教は中々わからぬだろうと、蓮如上人は程度を下げて従果向因の中に従因向果の道を交えて説かれたことは数々あったに違いない。だから蓮如上人の『御文』をいただくには、親鸞聖人に帰って改めて蓮如上人の言葉を再検討する必要があるということはたくさんあると思う。信心といい仏恩報謝ということでも従因向果の道で説いておられるようなことがないでもないと思う。

仏恩報謝は従果向因、果より因に向かう方向である。そのよってくるところ、今自分をしてあらしむる本《もと》、如来の五劫思惟・兆載永劫の御苦労に帰る。五劫思惟・兆載永劫の御苦労、あれは我らをして、我らが信というものをどうして発させてくだされたかということとを示している。我らの信心生活の歩く方向を我らに教えくだされた。だから我々は仏の御苦労、五劫思惟・兆載永劫の御苦労というものは、他力信心を得た人がはじめて領解すべきところであろう。信心のない人には仏の御苦労などはわからぬ。だからあの昔話のような法蔵菩薩の御苦労・御修行はわからないし、またそういう話を聞いても肯かぬ。南無阿弥陀仏を、身をもっていただいた者が五劫思惟・兆載永劫の御苦労は「なるほどそうである」と領解できるのである。信心を得ない人から見ればあれは観念の事実だろうと、こういうように解釈するであろう。けれども信心を得れば——信心と言うても我らの信心、個人的信心、観念の信心ではない。他力回向の信心は歴史的事実である。その信心は客観的歴史的事実である。自分の個人的信心に安心するというようなものでなく、観念だけでなく現実の生活である。現実の生活を定めるものであるということを明らかにせんがために、法蔵菩薩の五劫思惟・兆載永劫の修行ということを経典に記されたものであるということを我々は知ることができる。だから我々は法蔵菩薩と多生曠劫から必然の関係を持っている。我々と仏との関係は五劫思惟・兆載永劫の昔から関係がある。その五劫思惟・兆載永劫の間、我々は仏と夜も昼も相離れないものである。それが仏と離れたものなら我らの生活は妄念である。それが離れないものであるから、我らの今日の日も深い意義を持っている。信心を得てはじめて、我らの今日の日も尊い意義を持っている。信心のない生活は迷いである。信心によって迷いの生活が事実となる。例えば川の水がうねうねと曲がって流れてまっすぐに流れない。ある時には東に向かって流れ、ある時は南に向かって流れ、ある時は西に向かって流れ、ある時は北に向かって流れるが、かくのごとくうねうねと流れるが、最後にはみんな西に帰着するものであろう。我らがここにおいてどのような妄念妄想を逞《たくま》しくしても、信の一念をいただけばその妄念妄想が生きてくる。南無阿弥陀仏といただいた時、我らの妄念妄想が、偽りがそのまま転じてまこととなる。信心は未来を決定するのみならず過去をも決定する。順縁逆縁悉《ことごと》く信によって生きてくる。信心によって未来を救うばかりでなく過去をも救う。未来だけを救うのでなく、過去をも救うのが如来の信心である。『大経』において、法蔵菩薩の五劫思惟・兆載永劫の修行の記録は、そのようなことを我らに語っているものと思う。

信心の生活は反復生活である。他力が他力である証拠は、そのよってくるところに帰るところにある。それを知恩報徳と言う。信心を得たら今度は往生が目的だと思うているのは間違いである。従因向果で仏恩報謝ということが説明されているのは、大きな間違いである。そういうのは信心生活と仏恩報謝とを切り離して考えているからである。とにかく世間には如来に助けられたからありがたい、また助けられんでもありがたいと言う人がある。これは正しく信心を領解していないからである。我々は真宗の法を正しくいただかなければならぬ。他力の信心というのは他力を観念することではない。他力の信心というのは多生曠劫の因縁によって今日の我らがあらしめられた。そのあらしむる因縁は遠くかつ深い。だから他力の信心を得たということは、一朝一夕にして得たのではない。それは歴史的意義を有するということをいただいたということである。世間の学問ではそういうことは言わない。何でも種々理屈を言うているが、最後には神秘主義に陥る。西洋の哲学者は意志の自由ということを力説した。そういうことなども、もののよってくるところを念ぜない。すぐに人間の人格とやら意志の自由とやら、そういうものを強調していく。そういうのは一種の神秘主義であると思う。仏教でも聖道門の教は神秘主義である。仏の教の根本はそうではない。釈尊《しゃくそん》はそういうことは説かれていない。釈尊以前の外道の神秘主義は我というもの、自我を立てることを主張した。それは、そういうものを立てて、それによって意志の自由ということを主張するに違いない。西洋のある偉大な哲学者は、自我を立てて、そこに意志の自由ということを立てているに違いない。だから意志の自由ということを言うのは自我を立てることである。

仏法は因縁、そのよってくるところは遠くまた深い。だから我らのお助けということは一朝一夕に得たのではない。お助けということは多生曠劫の因縁、五劫思惟・兆載永劫の如来の本願力が回向成就して今日の我らがあらしめられているということである。これをお助けと言うと親鸞聖人はおおせられている。「他力と言うは、如来の本願力なり[7]」、他力ということは中国の曇鸞《どんらん》大師という方が、天親《てんじん》菩薩の『浄土論《じょうどろん》』の「仏の本願力[8]」という言葉を解釈される時、本願力ということについて他力と自力ということを分けて教えてくだされた。その他力という言葉は天親菩薩の『浄土論』に戻してみると、「如来の本願力なり」と親鸞聖人は解釈なされている。昔から他力というとすぐに神秘的な力であろうと考えられている。これすなわち浄土真宗に秘事法門の行われているところの所以《ゆえん》である。これは、「他力と言うは、如来の本願力なり」ということをいただくことができないからである。他力というのは一種の神秘的な力と考えられているから秘事法門と言う者がある。一念の信心を与えたり、信心を得た覚えがあるとかないとか、信心決定したとやら、何時何分に信心を得たとやら、そういうようなことを言う。これは「他力と言うは、如来の本願力なり」ということが本当に領解されていないからである。そういう信心には仏恩報謝というものはない。信心は信心、仏恩報謝はまた別に仏恩報謝をしなければならぬと考えている。そういうのは迷信である。迷信と言わざるを得ない。

ただ他力と言うと自分と何とも関係のないものである。他力で仏は助けてくださる。仏には不思議な神秘的な力があって私共を助けてくださるというように考えるが、そういうこととは違う。自力というのは神秘主義である。それを他力というのは神秘主義だとさかさまに考えている。自我というものを立てて意志の自由があるというのは一つの神秘主義に違いない。他力はそのような神秘主義を打ち砕いてくださる。そして如来の本願力というものが遠くしてかつ深い。一朝一夕に我らのお助けというものがあるのではない。我らのお助けは、ただ個人的のことではなく、世界の歴史の事実である。あらゆる力は因となり縁となり、世界のあらゆる力を総動員して、我らのお助けを成就するものであるということをいただくことができたというのを、他力信心と言うのである。こういうのが親鸞聖人の教である。だから蓮如上人の教もそれと違うのではないのであろう。

他力と言うて忽然《こつねん》としてお助けというものがあると考えると神秘主義になる。そのような考えを自力と言う。自力が募ると神秘主義に陥らざるを得ない。他力というのはそのような神秘主義を打ち砕いて、五劫思惟・兆載永劫の昔から永い間の因縁が運んでついに久《く》遠劫来《おんごうらい》の初事《はつごと》に時到って如来のお助けをいただいたということである。何時何分に得たというような時間に入ってこない。いつとはなしに今日あらしめられた。それをば蓮如上人は一念帰命《きみょう》とおおせられ、天親菩薩は一心帰命とおおせられている。蓮如上人の教には特に一念帰命のことを沙汰せられるのはその意味であろう。だから秘事法門の考えを持っている人は、決して浄土真宗の教、従果向因の教を領解することはできない。何時何分に信心を得たなどと、いかにも鬼の首でも取ったように考えている。信心と言うと何か上手に信心をもろうたというようなことではない。常に今日ということをいただくことができる。今日があるということが如来のお助けということである。だから『大経』を見ると今日とある。『大経』を見ると、

今日《こんにち》、世尊《せそん》、奇特《きどく》の法に住したまえり。今日、世雄《せおう》、仏の所住に住したまえり。今日、世眼《せげん》、導師の行に住したまえり。今日、世英《せよう》、最勝の道に住したまえり。今日、天尊《てんそん》、如来の徳を行じたまえり。(9)

とあるように今日は世尊、今日は今日はと幾度も繰り返し阿難《あなん》尊者が仏に申し上げている。阿難尊者が仏に遇うた、本当に今日仏に遇うた喜びというものを述べている。いまだかつて今日までは如来に遇うことができなかった。それが、今日はじめて如来に遇うことができたと、その喜びを述べている。今日はじめて如来に遇うことができたという、それがお

助けである。

二　今日の因縁を明かす『大経』

阿難は釈尊の弟子になって長い間世尊の給仕をしていたが、今日まではその如来というものに遇うことができなかった。今日までは人間としての悉達多《しつだった》太子が人間の生老病死《しょうろうびょうし》に堪えることができないで出家して仏陀《ぶっだ》になられた。――そういう方を世尊と言う――だからただそのような方を仏陀、世尊と拝んでいたわけであろう。人間が修行して仏陀になった。そのような仏陀に仕えていた。それが今日はじめて如来――如より来生《らいしょう》した仏――の相に遇うことができたと感激された。その時はじめて阿難は、釈尊との間に切っても切れない不可思議の因縁というものを感得されたわけであろう。だからそこに阿難は、世界全体、それがみんな不可思議の因縁を持っているということを感じて、その因縁というものはどういうものか、その因縁というものを知りたいと世尊に願い出た。だから阿難はすでにお助けを蒙《こうむ》った。そのお助けを得たところからそのよってくるところを教えていただきたいと願い出ている。すでに釈尊が『大経』を説かれる前に阿難はお助けを蒙っていた。だから阿難は何か「去《こ》・来《らい》・現《げん》の仏、仏と仏と相《あい》念じたまえり(10)」と、何か知らんが自分というものは歴史的存在であると、自分は忽然とただ偶然にこの世に出てきたものではないと感じて、そのよってくるところの因縁というものを教えていただきたいと願い出た。今までは阿難は自分がこの人間に生を受けたのも偶然である、また自分が釈尊と従兄弟になったのも偶然である、また釈尊の弟子になったということも釈尊がこの娑婆世界に出られたのも全て偶然であると考えていた。だから阿難には今日ということがわからなかった。それを阿難はどういうことであるか知らんが長い間世尊に給仕している間わからなかったのが、今日宿善開発《しゅくぜんかいほつ》して今日ということが与えられた。自分がこの世界に生を受けて仏陀世尊と同じ時代に生まれた。そして釈尊の弟子となった。これは容易ならぬ因縁というものがあるに違いないと。そして、

　去・来・現の仏、仏と仏と相念じたまえり。今の仏も諸仏を念じたまうことなきことを得んや。何がゆえぞ威神光光《いじんこうこう》たること乃《いま》し爾《しか》る(11)

と阿難は述べている。その今日の仏というのも仏は釈尊一人ではない。釈尊は単なる発心《ほっしん》修行をして覚りの法を説く方であろうと、長い間阿難は思うていた。だから釈尊は釈尊、自分は自分、釈尊と自分は偶然に結ばれていると考えていた。だから何か知らんが阿難は淋しい。本当に自分の今日ということが阿難になかった。それを阿難は何か知らんが、今

日の釈尊は尊いと感じた。そしてその尊い釈尊を拝むことができたというところに、阿難ははじめて今日ということを恵まれた。今日はということは、自分はもうこれで目的を達したということである。深い因縁によって自分は今日あらしめられたと感じた。そこにどういうわけか知らないがお助けを得た喜びがあるのである。そしてその喜びはどのようなところから与えてくだされたか。その喜びを与えてくだされた本《もと》はどこにあるか。言わばその喜びの歴史的必然のよってくるところが阿難にはわからぬ。だからそれをば教えていただきたいと阿難は願い出た。その阿難の願いによって『大無量寿経《だいむりょうじゅきょう》』は説かれたわけである。

これは言ってみれば問う阿難と答える釈尊であるが、そのお二人が同信同証、信を同じくし証を同じくして、師弟一味というところに『大無量寿経』の出発点がある。そして今日の喜びというものは、いかなる因縁があって今日の喜びというものが出たことであろうかと、阿難がたずねられたわけである。『大経』の下巻を読むと、阿難はやはりはじめのところで釈尊と同じ境地に達しているわけである。同じ境地に達しているけれども、下巻を見るとまた釈尊と違っているところがある。その違っているということについて、阿難は疑問を持っておられた。そういうところに胎生《たいしょう》・化生《けしょう》ということが説かれている。すなわち浄土の菩薩を見ると、蓮華《れんげ》の花がひらいてその上にいる人と、蓮華の花がひらかないで蓮華の蕾《つぼみ》の中に身を隠している人とがある。蓮華のカーテンの中にいる人がある。これは阿難が退一歩して、釈尊と自分とは等しい、けれども等しい中にやはり厳粛な、混乱してはならない一線というものがある、すなわち自分にはそのような限界があることを感じて、それをたずねたいと思うたのであろう。けれども阿難は、それは自分ごとき者はたずねるべきものではないと沈黙していた。すると弥勒《みろく》菩薩が阿難に代わって世尊に問われた。

その時に慈氏《じし》菩薩、仏に白して言さく、「世尊、何の因、何の縁なれば、かの国の人民、胎生化生なる」(12)

これを親鸞聖人は、『正像末和讃《しょうぞうまつわさん》』の終わりに疑惑和讃《ぎわくわさん》というものを制作になって述べられている。

ときに慈氏菩薩の
世尊にもうしたまいけり
何因何縁《がいんがえん》いかなれば
胎生化生となづけたる

如来慈氏にのたまわく
　疑惑の心をもちながら
　善本《ぜんぽん》修するをたのみにて
　胎生辺地《へんじ》にとどまれり(13)

　これは親鸞聖人が、阿難の立場に立って仏智不思議を疑う罪の深いことを嘆いて、『大経』下巻の終わりの経文の思し召しを自分の身にいただいて、深く悲嘆なされたわけであろう。甚だ散漫な話になったが午前の話はこれだけにしておく。

註

(1)『真宗聖典』八三一、八三七頁。
(2)同前、八七四頁。
(3)同前、八六七頁。
(4)同前、一八頁。
(5)同前、六四〇頁。
(6)同前、四四頁。
(7)同前、一九三頁。
(8)同前、一三七頁。

(9) 同前、七頁。
(10) 同前。
(11) 同前。
(12) 同前、八一頁。
(13) 同前、五〇七頁。

第四講

一 『法華経』の信仰

インドの天親《てんじん》菩薩という方が『浄土論《じょうどろん》』「願生偈《がんしょうげ》」という書物を書かれた。その書物は、分量は小さな聖教《しょうぎょう》であるが、法然《ほうねん》上人の『選択集《せんじゃくしゅう》』の中では、「正明往生浄土の教」(1)、つまり正しく浄土へ往生する経典として決定されている。(2)これは阿弥陀如来の極楽往生のことを説いた経はたくさんあるが、多くは「傍明往生浄土の教」(3)と言うて、傍《かたわ》らに往生浄土のことを説いた経がたくさんある。すなわち自力観念の道を説いてあるところの聖教である。そこに自力の観念をする力のない人、――自力の観念をする力のない人と言えば、その人の性格にも観念する力のある人とない人とがある。またそれだけでなしに観行《かんぎょう》というものがあって、その観行をするだけの暇が与えられるか与えられないかと言うこともあり、中々観念の道を行ずるということはむずかしい。自力観念の道が中々できないことである。だから我々はいわゆる結婚をし、子どもを産み育てる。そのためには生産ということに励まなければならぬ。人間とは人間を産む生産であろう。子どもを生むのも生産であるが、そのために相当の消費というものもしなければならぬ。それによっていのちをつなぎ、健康を増進し、体力を養い、生活を向上していく。そのために生産に従事するについては種々人間相互の間に――やはり種々の複雑な人生、あるいは社会を構成している人生に対処していく。その人生に対処していくために往生浄土の教というものがある。しかし、その往生浄土の教というものを傍らに説いている自力聖道《しょうどう》の経典がたくさんある。そして自力聖道門が仏教の本流をなしていて、その中において特に『法華経《ほけきょう》』というものが釈尊《しゃくそん》出世の本懐を説かれた経であると言われてきた。

その『法華経』は一切衆生《しゅじょう》がみんな成仏するとある。久遠の昔から、我々はみんな仏道の種を蒔《ま》いてきたのである。そして必ずこれは、早かれ遅かれみんな成仏するに間違いないということが『法華経』に明らかにされている。特にその中で本門開顕と言われている。釈尊がこの生には普通のただ一人の人間だと思うているが、もちろん仏伝では永い間菩薩行を修行して覚りをひらき仏になったと説かれている。前生には兜率天《とそつてん》におられた。兜率天は等正覚《とうしょうがく》の位である。そしてこの世界に天下った。浄飯王《じょうぼんおう》の后摩耶夫人《まやぶにん》に魂を宿し人間として生を受けられた。そして仏道修行をし仏陀《ぶっだ》の覚りをひらいたと、今まで釈尊も話をし、みんなもそう思うている。けれどもそれは一つの方便である。釈尊は塵点久遠《じんてんくおん》の昔に成仏したものである。だから釈尊は永遠にこの世界にいるのである。釈尊には涅槃《ねはん》に入るということはないものである。だから常在霊山と言われている。『法華経』は摩揭《まが》陀国《だこく》の耆闍崛山《ぎしゃくせん》で説かれた。だから釈尊は久遠の昔から永遠に尽未来際《じんみらいざい》まで、この場所を動かず常に耆闍崛山にいて説法しているものである。いわゆる久遠実成《くおんじつじょう》ということを明らかにしておられる。そしてこの世に出てきているあらゆる人々はみんな、久遠の昔から仏道の種を蒔いている。だからそういう遠い因縁というものがあるのである。現在では『法華経』を知らぬ者もある。また謗る者もある。また信じない者もある。けれども、この『法華経』を信ずる者も謗る者も、一度は疑謗の剣を翻して、久遠の昔からの因縁で、この法華の妙法の行を修し、必ず成仏するに間違いない。こういうことが『法華経』の中に記されている。

こういうわけで、仏教の歴史というものは『法華経』というものが中心になっている。大乗仏教は『法華経』というものを中心にして伝わっている。そこへ阿弥陀仏の本願の教、未来往生の教というものは、そこに宿借りをしていた。釈尊が仏教の本家を持っており、そこに阿弥陀如来は釈尊の家の一室を借用しておられる。これが仏教の歴史の相であり事実である。こういうようになってきている。そして『法華経』の仏教、本家の釈尊のほうが、いつの間にやら中心を失ってきた。そして阿弥陀如来のほうが繁盛する傾きがある。これは嘆かわしいことであると日蓮《にちれん》聖人は慨嘆《がいたん》して『立正安国論《りっしょうあんこくろん》』というものを作って予言した。すなわち正しい法がないと国が乱れる。国が乱れると外国から侵略を受ける。そういうことが種々『法華経』の中に書いてある。そして日蓮聖人は蒙古来襲を予言した。法華の行者である日蓮聖人は予言した。こういうことになっている。

大体、鎌倉時代の法然上人までは『法華経』を代表とする、聖道門の教というものが一番中心になっていた。そして阿弥陀如来の念仏というのは、自力観念のできない者が、本願の約束によって念仏すれば必ず往生することができるという傍らの教であった。称名念仏によって誰でも阿弥陀如来を念ずることができ、未来の往生というものをば信ずることができる。だから観念することのできない者は、阿弥陀如来の本願の約束というものに帰《き》入《にゅう》していく。こういうわけである。南無阿弥陀仏の名号《みょうごう》は、阿弥陀仏の本願の約束である。だから、阿弥陀仏の本願の約束にしたがって、誰でも往生することができる。また、その約束に誰でも応ずることができる。だから未来往生ということは誰でもできる。次の生に浄土往生は間違いない。間違いないということは少しむずかしいであろうが間違いなかろうと。それだけの信仰が成り立つわけである。

けれども自力観念の道というものは、聖道門はこの生において仏になると言うが、観念ではどうしても、昨日から話しているように、現在というものがない。だから人間の自力の観念ではどうしても因とか果とかという、――因は過去、果は未来――因果法から出ることはできない。だから現在安住《あんじゅう》の場所というものは、自力の観念ではどうしても得られない。自力の観念は成就すればよいけれども、それが成就するということはほとんど容易でない。だからそこに阿弥陀如来の称名念仏《しょうみょうねんぶつ》の道を第二の手段として頼る。だからそれを本宗・寓宗《ぐうしゅう》と言う。聖道門の修行をしているが信仰は二つある。宗というのは信仰である。寓宗というのは本《もと》の信仰がしっかり頼りにできないものであるから、予備の信仰を作っておく。そういうわけであろう。

第一は本宗、第二は寓宗である。本宗というのはその人の本筋の信仰である。本筋の信仰では安心ができないから、第二の信仰というものをもう一つ用意しておくわけであろう。これは甚だ不真面目なことでもあり、また極めて危ういことでもある。本宗という根本信仰というものが危うい。危ういから第二の信仰を用意しておく。自力観念の道では充分でないから、未来往生の他力信仰というものをもう一つ用意しておく。こういうわけである。しかし、その未来の他力信仰がはたして確実であり大丈夫であるかというと怪しい。だからまた本《もと》の本宗の自力信仰によらなければならぬ。結局二つの信仰を求めていて二つとも得ない。二兎を追う者一兎を得ずということになる。二つの信仰があれば二人の仏がある。それで仏教の信仰というものが、このような不純な歴史の歩みをしている。これは決して正しい歩みというものではない。だからもっと正しい批判というものを加えるべきものである。

一体、寓宗というものを必要とするような聖道門というものは、本当の真実の道であるか。そのようなものは観念の道である。観念の道はどうしても因果法の道である。だから親鸞聖人はこれを万行諸善《まんぎょうしょぜん》の小路《しょうろ》とおおせられてある。これは、親鸞聖人は善導《ぜんどう》大師の二河白道《にがびゃくどう》の譬えによって道と路を区別されている。道は大道である。路は小路、万行の小路。道は本願一実の大道、念仏の大道、道は大道である。大道は坦々として直線である。どこどこまでも見通しのできる道である。小路は曲がりくねっている細路である。畔路《あぜみち》のようなものである。この頃の畔路は耕地整理をしてまっすぐになっているから話は違うかもしれないが、東京の街などは西のほうを向いて歩いていると、いつの間にやら東のほうを向いて歩いている。全く歩いているうちに方向がわからなくなってしまう。東京の道は元《もと》は田んぼの畔路であったのが今は大きな道になってきている。

この大道と小路。小路というのは因果法である。自力観念の道である。因果の道というものには現在の場所というものがない。現在安住の場所というものを持たない。だから自分はその因果法の外にいる。カーテンの中にいる。仏教では蓮華《れんげ》のカーテンと言う。『大《だい》経《きょう》』では蓮華をカーテンとしている。蓮華が蕾《つぼみ》のままでひらかない。胎生《たいしょう》・化生《けしょう》と言うて自力観念の小路の中に立て籠っている。自分は因果の世界には安住することができない。だから自分は蓮華を蕾、ましてその中にて籠っている。これを胎生往生、辺地《へんじ》懈慢《けまん》の往生と言う。こういうことが『大経』の中に説かれている。(4) 懈慢界《けまんがい》というのは『大経』にはないが、これは『菩薩処胎経《ぼさつしょたいきょう》』の中にある。(5) これは、善導大師の弟子である懐感禅師《えかんぜんじ》が『菩薩処胎経』というものを読んで、懈慢界というものを見出した。阿弥陀如来の真実の浄土まで往かずに、その途中に懈慢界というものがある。阿弥陀如来の浄土というものについて、報土《ほうど》と化土《けど》とがあるが、阿弥陀如来の浄土は真実報土、懈慢界は化土である。それを源信僧都《げんしんそうず》が『往生要集《おうじょうようしゅう》』の中にこの懐感禅師の釈を引いて明らかにせられた。(6)それによって親鸞聖人は、報土と化土というものを明らかにしておられる。

小路は個人的のものである。それで自分はこの中に入ることはできない。だから自分は外にいる。もう一つ別のところにカーテンを引いている。この中に現在はない。現在安住の場所がない。そこでは互いに僧伽《さんが》というものが成り立たない。各人各人別々の観念の世界を作って、いわゆる個人的な世界というものを作っているわけである。だから自分は因果の外にいる。自分は得体の知れないものである。自分が観念の世界を作って自分はそこに隠れている。だから現在安住の場所がない。現在安住の場所を見出さない。だからただ未来というところに、そこに懈慢界というもの、懈慢界というカーテンを作っている。そのカーテンの中に身を隠している。だから三宝見聞《さんぼうけんもん》の利益《りやく》がない。仏法僧《ぶっぽうそう》の三宝、僧伽というものがない。自分と他人とが別々であって、自分と他人との間に感応がない。同じ一軒の家に住んでいて三十年も四十年も連れ添うたが、赤の他人である。孫までつくったがただ肉体の交渉があっただけで、心と心とが通じ合わない。それでは犬や猫と何の変わりもない。犬や猫は因果法の中にいて何の障りもない。人間は因果法の中にいるだけではおれない。因果法の中にいるだけではいくことができない。だから現在安住の場所を見出さなければならぬ。その現在安住の場所を見出さぬのを迷いと言う。犬や猫には迷いというものはない。人間は犬や猫と同じ仲間でいることはできない。そこをはみ出ている。そして蓮華のカーテンを作っている。カーテンの中には何がいるか。我というものがいる。我というのは妄念の塊である。人相の悪い妄念の塊が冷やかに、自分を冷笑し、人をも冷笑している。そういう我というものがカーテンの中に隠れている。こういう世界に安住という世界はない。

仏法の因縁法の世界は現在安住の世界である。自分は今ここにいる。今ここにいるというのは、永遠にここにいる場所である。因果法の世界には、今ここにいるという場所がない。そういう聖道門の教はいかに尊い教であっても、自力観念の道なら、たとえ久遠実成ということが説いてあっても、万行諸善の小路の域を脱することはできない。法はいかに尊くても、実践することになれば正しい行というものがない。観念の行しかない。人間の分別の範囲を超えることができない。その諸善を小路と言う。だからこの因果の法則によって、迷いを脱することができるということは永遠にない。だからまた永遠に現在はない。ぐるぐる流転輪回《るてんりんね》してそのはてがない。それは、教には因縁果ということを言うているが、それが観念として縁があるだけである。その縁が事実としてはたらいているのではない。結局因縁とは言うているが、因果法のほかの何ものでもない。阿弥陀如来の本願のほかは万行諸善の小路しかない。

二　我今ここにあり

阿弥陀如来の本願には、本願成就の南無阿弥陀仏がある。南無阿弥陀仏がつまり本願成就である。阿弥陀如来の本願を、我々は南無阿弥陀仏と成就する。その本願が南無阿弥陀仏と我々に成就した場所を現在と言う。南無阿弥陀仏は本願成就の場所である。そこに自分が永遠に安住すべき現在がある。それを如来の回向《えこう》と言う。その回向をお助けと言う。それ以外にお助けというものはない。だから、阿弥陀如来のお助け以外は観念のお助けである。一時的個人的観念のお助けである。

天親菩薩の『浄土論』によれば、阿弥陀如来の本願、南無阿弥陀仏の法というものは真実功徳である。(7)そのほかの自力観念、因果法の道は不実功徳と言うとおおせられている。(8)

またその『浄土論』を註釈された曇鸞《どんらん》大師は、凡夫《ぼんぶ》の不実功徳に対して、阿弥陀如来が成就したもうところの功徳を真実功徳とおおせられている(9)。真実功徳と不実功徳。この凡夫人天の自力でもって作り上げたところの功徳は、不実功徳と言うのである。だからそこには現在がない。そこにはどこまでも未来しかない。今日ということがない。今日ということがあって明日がある。今日がなくては明日もない。今日がないから明日を立てようと言う。けれども今日なくしてどこに明日があるか。借金取りが金を貸した人に借金を取りに行った。「どうかあのお金を返してください」と言うと、相手は「明日まで待ってください。明日はお返しします」と言う。すると借金取りは、どうしても今返してくれと言うと返してくれないかもしれないので、少しおとなしくして、「そんなら明日返してください、明日またいただきに参ります」と言うて帰っていった。翌日また行って「昨日お約束をしましたとおりお金を返してください」と言うと、相手はまた「明日返します」と言う。それで借金取りは「昨日は明日返すと言われたでしょう、今返してください」と言うと、「昨日言うたのは明日返済すると言うたのでしょう、今日返済するとは申しません。だからまた明日返します」と言われたという話がある。これはおどけであるがこういう話を聞いた。すなわち今日あって明日がある。今日があるから明日が成り立つ。今日があるから昨日もある。今日あるから明日があり昨日がある。今日がなければ明日も昨日もない。今日がある。昨日がなくても今日がある。明日がなくても今日がある。昨日があったから今日があるということはない。明日があるから今日があるということは絶対的ではない。今日は絶対的のものである。明日はなくても今日があるということは間違いない。今日があって明日ということがあるに違いない。今日がないから明日を求める。こういう人があるのではないか。今日ということは満足ということである。満足成就、本願成就を今日と言う。だから我々は、本当に今日に安住することが大事である。安んじている場所を今日と言う。安住の場所のないのを、三界《さんがい》に家なしと言う。今日のない人には昨日もないし明日もない。今日なくしては、明日は永遠にない。これが阿弥陀如来の本願のお助けの謂れである。

今日は邪定聚《じゃじょうじゅ》であり不定聚《ふじょうじゅ》である、だから明日は正定聚《しょうじょうじゅ》になるだろうと思うているかもしれないが、そういう正定聚は永遠にない。今日正定聚である。正定聚というのは今日ということである。明日正定聚であるということは決してない。今日邪定聚であるから、正定聚を明日に求めるのであるということはない。今日正定聚であるなら、明日はいよいよ正定聚である。今日を与えられる。今日あるのを現生正定聚と言う。どんなに難儀苦労をしても、今日あるということに目を醒ましたなら、すなわち南無阿弥陀仏と安住して仏を念ずる。阿弥陀仏後生《ごしょう》助けたまえと一心一向に仏を念ずることができることを今日と言う。今日というのは、その一心一向に仏を念ずる場所である。その間違いのない場所が与えられた。それを今日と言う。今日があることをお助けと言う。それを回向と言う。その今日はひとたび得たなら永遠に尽未来際《じんみらいざい》まで続くであろう。それを往相回向《おうそうえこう》と言う。だから「往相回向の利益には、還相回向《げんそうえこう》に回入《えにゅう》せり(10)」、それを無上涅槃《むじょうねはん》と言う。こういうわけである。往相も還相も、もう一つ言えば一枚の紙の裏表のようなものである。それを私は、往相・還相の対面と言う。

今日ということがお助けである。南無阿弥陀仏と、今日というものを与えられた。南無阿弥陀仏という今日をいただいた。その今日をひとたび得たならば、永遠にその今日は続くであろう。

ひとたびも　ほとけをたのむ　こころこそ　まことののりに　かなうみちなれ
つみふかく　如来をたのむ　身になれば　のりのちからに　西へこそゆけ
法をきく　みちにこころの　さだまれば　南無阿弥陀仏と　となえこそすれ(11)

こういう蓮如《れんにょ》上人の三種の詠歌というものがある。ひとたび仏をたのむと言うと今日がある。ひとたび仏をたのめば再び三度《みたび》たのむ必要はない。ひとたび仏をたのめば、その今日は無上涅槃まで続くに違いない。ひとたび得た今日が、無上涅槃まで続くに間違いないということがわかれば、今日の裏に還相回向の利益があるに間違いないということが知れるであろう。今日ということがわからないから、明日があるだろうと言う。今日がないから明日はあるかもしれないと言う。今日があるから明日があることは間違いない。今日があるからいつまで経っても今日今日と言うことができる。南無阿弥陀仏はいつまで経っても今日今日である。浄土まで今日今日である。その今日のないのを迷いと言う。今日称名念仏というものを与えられた。南無阿弥陀仏の本願が、南無阿弥陀仏と我が身に成就した。種を蒔いたればどれだけの日が経ったか、南無阿弥陀仏と芽が出た。南無阿弥陀仏は本願成就の相である。これを真実功徳と言う。真実というのは間違いないということである。今日というものは間違いがない。今日がなくて明日を約束するものを方便と言う。人間は、今日ということがわからないから明日を約束した。けれども今日なくして明日ということはない。そういうことを表して念仏往生の願と言う。念仏は今日であろう。今日南無阿弥陀仏と言うたら、往生の願と行とが成就した。往生の願も行も、南無阿弥陀仏というところで成就した。南無阿弥陀仏と称えて、これからどうしようどうなるということはない。南無阿弥陀仏、それで一切終了した。一切満足した。それを天親菩薩は「仏の本願力を観ずるに、遇《もうお》うて空しく過ぐる者なし、能《よ》く速やかに功徳の大宝海《だいほうかい》を満足せしむ(12)」とおおせられた。空しく過ぐるというのは現在のないことを言う。現在の場所がないことである。現在は我々の身と心を安住せしめる場所である。その我々の身と心を安住せしめる場所のないのを、空しく過ぐると言う。現在に安住する場所がないから、過去があって現在はあろう、未来はあろうと言う。現在があったことは消えてしもうた。その中に幻の現在に似たものがある。それは本当の現在ではない。

如来の本願の成就する場所が現在である。そのほかにどこを探しても現在はない。因縁和合して現在というものがある。だから因縁法を現在と言う。因果の法は未来を求めている。現在というものを本当に得られないから、未来へ未来へと求めているのが因果法である。現在を判然とすれば未来は掌の中に握られている。だから現在を判然とすれば未来は間違いない。また過去も間違いがない。三世《さんぜ》を了達《りょうだつ》するということは、現在を与えられて了達することができる。我らは現在を持たずに三世を了達することはできない。現在を与えられてはじめて、三世を了達することができる。

仏法は因縁果の法則である。因は縁を持ってはじめて果というものがある。因を名づけて現在と言う。これを本願成就と言う。本願成就というのは、現在にお助けが成就したということである。我らは現在にお助け一定である。お助け成就、お助けは現在にある。だからその現在のお助けというものは、何も人間が人間を止めなければならぬというわけではない。現在は南無阿弥陀仏というところにある。南無阿弥陀仏というところに現在がある。その現在は絶対のものである。だから何ものも、その現在を碍《さまた》げるものはない。だから出家しても現在である。また在家であっても現在である。本当に出家できる人は出家してみるもよい。本当に出家するのに内外の事情が揃っている人は、観念の道をやってみるもよい。そして自力観念の道をやれるかやれないかを試してみたらよい。そうするとそこに称名念仏の道によって観念は自ずから成就する。その観念の力を信心の智慧と言う。観念の智慧は未来を悟る智慧である。また過去を知る智慧である。これを観念の智慧と言う。だから「信心の智慧にいりてこそ、仏恩《ぶっとん》報ずる身とはなれ(13)」とおおせられている。信心は現在を知る智慧である。だからしたがって三世を知ることができる。だから「信心の智慧にいりてこそ、仏恩報ずる身とはなれ」という言葉があるわけである。

如来のお助けとはどういうことか。世の中にはお助けお助けと言うているが、そういうお助けというものは、あるものであるかどうか。真実のお助けというものがあるなら、その真実のお助けというものはどういうものであるか。南無阿弥陀仏というお助けがあるかどうか。南無阿弥陀仏と了解するのを回向と言う。だからそれをお助けと言う。だから南無阿弥陀仏を我々がいただく時は、阿弥陀仏南無といただくのであるということを私は言うている。南無阿弥陀仏を阿弥陀仏南無といただく。南無阿弥陀仏は、阿弥陀仏南無と帰っていただくべきものであると私は領解している。南無阿弥陀仏、阿弥陀仏南無。本願が成就する時は南無阿弥陀仏である。それを我々がいただく時は阿弥陀仏南無といただく。こういうように私は領解しているわけである。

もっと別のことを話したいと思うていたが、一つのことを話したほうが良いと感じたので、今回は現在ということで話した次第である。

註

（1）『真宗聖教全書』一、九三一頁。
（2）同前参照。
（3）同前、九三一頁。
（4）『真宗聖典』八〇～八六頁参照。
（5）同前、三三〇頁参照。
（6）同前参照。
（7）『真宗聖典』一三五頁参照。

（8）同前、一七〇頁参照。
（9）同前参照。
（10）同前、五〇四頁。
（11）同前、八一八頁。
（12）同前、一三七頁。
（13）同前、五〇三頁。

Ⅱ　付論

曽我量深先生に聞く　1

――仏法の実践――

水島見一

一　踊躍歓喜のこころ

「聴聞《ちょうもん》する」と言いますが、私たちはなぜ仏教を聞くのでしょうか。知識や教養として仏教を身に着けて、生活に満足を得るためでしょうか。それとも、仏教をもって世間で認められる立派な人になるためでしょうか。あるいは仏教を社会に役立て、世の中をよりよい方向へ導くためでしょうか。このようなことは、仏教を聞くほうも語るほうも「わかりやすくてよい話」を求めることが多くなってきている中で、私たちが今一度確かめなければばならないことだと思います。わかりやすい仏教は、説明がわかりやすいから聞きやすいのです。しかし、説明でわかったとしても、「自分の中に仏法が生きているのかどうか」ということになれば話は別です。わかりやすい仏教は、知識欲は満たされても、この身の生きた喜びにはなりません。ですから、それは頭の中に渦巻くだけのもので、生命力のない死んだ仏教ではないでしょうか。

私の母方の祖父は高光大船《たかみつだいせん》という、清沢満之《きよざわまんし》先生の直門の人物です。そして、同じ清沢先生直結の曽我量深《そがりょうじん》先生を「先生」として慕い、とにかく「仏教に目覚めなければならない」ということを言っていました。例えば大船に「説明は説迷である」(1)という言葉がありますが、それはつまり、説明を尽くしてわかりやすく仏教を説いても、それはかえって、聞く者を目覚めから遠ざけ、迷いを深めることになるのではないか、ということです。そのように、私は幼少の頃から仏教を頭で聞いて知識を蓄えようなどとすれば、「それは違う」と言われるような、「仏教に目覚めなければならない」という環境の中で育ってきたのです。ですから私は、仏教をこの現実の身において聞き、「仏教に目覚める」という大きな喜びが胸の奥底から湧き起こっているのかどうか、ということが大きな問題だと思うのです。

曽我先生は、「我々は真宗学を実践の学としなくてはならぬ[2]」と言われています。それは私たちが、仏法を聞いて頭で考えて観念するのではなく、仏法を聞いて今を生きる、ということにならなければならないということです。親鸞の言葉で言いますと、「踊躍歓喜《ゆやくかんぎ》のこころ[3]」というものが、私たち一人ひとりの中にあるのかどうか、ということです。

曽我先生の弟子には安田理深《やすだりじん》という先生がおられますが、安田先生は文化講座のような仏教を厳しく批判されて、「お前たちのやっている仏教は、ただ身に着けるアクセサリーになっているのではないか。目覚めなければどうするのだ」ということを言われるのです。目覚めを求めずに仏教を聞けば、私たちにとって仏教を聞くことは、自分が「よい人」になるためのツールにしかならないのです。

そうではなく、親鸞の教えの本質は、私たちの胸の底から「踊躍歓喜のこころ」が湧き起こったのかどうなのか、というところにあります。それを私たちは人生の一大事として、自分の中にハッキリさせなくてはならないのです。私たちの先輩方はこの「踊躍歓喜のこころ」を求めて、親鸞の教えをそのまま受けて求道《きゅうどう》に立たれたのです。もちろん親鸞もまた生涯、そのこと一つを求められたのです。

親鸞は、当時仏教の総合学場であった比叡山を降りられたわけですから、親鸞が求められたのは学問としての仏教ではなかったのです。比叡山を降りた親鸞は妻である恵信尼《えしんに》に、自分は「生死《しょうじ》出ずべきみち」(4)を求める、と語っておられます。では、「生死を出ずる」とはどういうことでしょうか。私たちが住んでいて、生死していく場所を娑婆と呼びます。その娑婆のほかにもう一つ、娑婆を超えた浄土という世界があるのです。「生死を出ずる」とは、娑婆においてその浄土を感じ取れる感性を、自分の中にハッキリさせることです。親鸞は『教行信証《きょうぎょうしんしょう》』「後序《ごじょ》」に、「心《しん》を弘誓《ぐぜい》の仏地《ぶつじ》に樹《た》て」(5)ると述べられています。娑婆において、心を「仏地」、つまり浄土に樹てるのです。ですので、仏教は娑婆の中における私たちの生き方を示すものではありません。生き方であれば、それは娑婆を上手くやりくりして生きていこうというような処世術に過ぎませんので、心が娑婆に樹っています。そうではなく、私たちは娑婆の様々な状況において、心に浄土を念ずることで、娑婆に順じて易く生きるのです。浄土を念ずることによって、即座に、今の私は今の私でよかったのだという道がひらかれるのです。私の中に浄土という感性を持てたら、迷いは迷いのまま成仏するのです。これが「踊躍歓喜のこころ」の内実です。このような浄土を、私たちの中に自覚できるかどうかという一点こそ、親鸞が比叡山を降りて求められたものなのです。また蓮如《れんにょ》、清沢先生、曽我先生、安田先生、そして高光大船や暁烏《あけがらす》敏《はや》先生など、私と直結する先生方もみんな、この目覚めを求められたのです。

二　無根の信

私が最もお世話になった、松原祐善《まつばらゆうぜん》という先生がいらっしゃいます。松原先生は曽我先生の直弟子でありました。そして、生涯自分が仏法を聞いて、娑婆を生き抜くということのお手本を示してくださいました。娑婆は宿業因縁《しゅくごういんねん》の世界ですので、どのような出来事が私たちを襲ってくるかわかりません。そのような宿業因縁の娑婆を易く受け止め、娑婆の責任を担っていくということを、松原先生は厳しく言っておられました。最晩年の松原先生から、繰り返し耳にしてきたことです。

『観経《かんぎょう》』に韋提希《いだいけ》という業人《ごうにん》の救いが説かれています。また、『涅槃経《ねはんぎょう》』には阿闍世《あじゃせ》という業人の救いが説かれています。韋提希にしても、阿闍世にしても、宿業因縁の生活者です。阿闍世は父親を殺し、母親をも殺そうとした王舎城《おうしゃじょう》の王子ですが、それがやがて、自分の犯した罪に嘆き苦しむのです。宿業因縁の身というのは、このような阿闍世の現実にほかなりません。人間はその現実を生きざるを得ないのです。阿闍世は、自分が生まれる時に身勝手な理由で自分を殺そうとした父親が憎くて、その父親を牢屋へ幽閉し餓死させるのです。そして、こっそり食べ物を与えてその父親のいのちを長らえさせていた母親をも殺そうとするのです。それが阿闍世の今の現実です。どこを切っても宿業因縁の存在であるというのが、阿闍世の現実であり、また私たちの現実なのです。

ところが、この阿闍世が目覚めて、信心を獲るのです。どういう信心かと言えば、それは「無根《むこん》の信」(6)と呼ばれているものです。「無根」とは、私に根を下ろさないということです。普通は私に根を下ろした信心を求めるでしょう。ところが、私に根を下ろしたら、その私自身がエゴによって汚されているので、その信心も汚いのです。このエゴによって、阿闍世も韋提希も苦労するし、私たちも自分の業に嘆くのです。しかし、そのような宿業の身に嘆く阿闍世が信心を獲るのです。それを『涅槃経』の中に喩えとして、臭い悪臭を放つ伊蘭《いらん》の木から、香り高い栴檀《せんだん》の実がなったようなものだ、と説かれてあります。普通は、悪臭を放つ木からは悪臭を放つ実がなるものです。ところが今、伊蘭の木に栴檀が実るように、この悪臭漂う宿業の身に、信心が発起したではないかと阿闍世は驚くのです。これが阿闍世の救いです。宿業の身を持つ私たちにおいて、エゴに根差さない信心が私の中に芽生えた、というのが阿闍世の救いであり、親鸞が明らかにした「無根の信」なのです。(7) 親鸞はそれを「如来回向《にょらいえこう》の信」とも言われます。

このように、信心とは私に根差さないものなのです。ですから、真宗を私の生き方とすることはできないのです。それなのに、最近はなぜ「真宗は生き方だ」と言われるのでしょうか。私のような者は、どのような生き方をしたとしても罪悪深重《ざいあくじんじゅう》です。生き方などでは、そのような身の事実を超えられません。ですから、真宗は生き方ではないのです。真宗の要は、全く自分というものが否定されたところにおいて、はじめて信心が出てきたのだということとです。ではその否定する力は何かと言えば、それは苦労であり、同時に如来です。如来回向の信心です。

三　苦労はいいもんや

私自身のことを少し申し上げます。私の母親は高光大船の四女でありました。大船は「貧乏の子だくさん」と言われ、子どもが十四人もいたのです。また、大船は奥さんが二人いるという業人《ごうにん》でした。自分の家族は金沢のはずれにある在所の北間《きたま》におり、もう一人の奥さんは金沢の街中の泉というところにおられて、子どもは北間に十人、泉に四人いたのです。戸籍謄本をとったらその十四人の名前が同列に記されており、そのうち何人か亡くなっていますので、謄本には斜線が引いてありました。私の母は北間の四番目の娘で、父親である大船の後をよくついて歩いて、法話にも一緒に行っていたそうです。

大船は、私の母が結婚する時に「苦労はいいもんや」ということを伝えて、嫁がせました。母も素直なもので、「そうか、苦労はいいもんか」と受け取って、それで私の父と結婚したのです。そうすると、案の定、苦労が待ち構えていたのです。父は警察官で、亡くした前妻との間に娘が一人おりました。ですから母は、子持ちの男に嫁いだわけで、それがたいへんだったのです。ところがそのような中で、「苦労はいいもんや」という言葉が一つだけ、母の頭にあったのです。

私は、いくら仏法のハッキリした大船の娘だと言っても普通の娘ですから、子連れの男のところへ嫁ぐということに躊躇《ちゅうちょ》はなかったのか、と考えてしまうことがあります。しかしそれについては、「何もそんなこと、考えるも考えないもなかったわ」と言う母の声が聞こえてきそうなのです。おそらく母に聞いていたら、そのように答えただろうと思います。母は素直なもので、自分の父親から「苦労はいいもんや」と言われたものですから、そのまま自然体で嫁いでいったのだと思います。母は他意のない、無邪気な人でした。

母にとって私は自分のお腹を痛めて産んだ子ですから、私に対しては「何と自分の子どもは楽だ」とよく言っていました。だから私は散々怒られました。私は父親に溺愛されるところがありましたので、父がいない間によく母親に怒られて、「打擲《ちょうちゃく》する」と言って、押し入れに閉じ込められたことがありました。

ところが義理の子というのは、怒ったら僻《ひが》むから、そう簡単に怒れないわけです。しかし結婚して、その義理の娘の母親になるからには、やはり「よい母親になろう」と思うのです。大体私たちは、よい先生、よい父親、よい母親になろうとして意気込んで動くでしょう。ところが実は、これが観念なのです。現実はどうかと言えば、「よい母親になろう」と思って義理の娘のいる男性のところへ嫁いでも、そう簡単によい母親をさせてくれないのです。例えば、よく母が言っていましたのは、昔は銭湯へ行ってお風呂に入っていたのですが、銭湯で母が義理の娘の頭を洗うと、よく「痛い」と言って泣いたそうです。そしてそれを見て周りの人が、「あれは本当のお母さんじゃないから、いじわるしている」と言うのだそうです。多感な年頃の娘ですから、泣いてアピールして、人の気を引こうとするのです。ですから母は、家に帰って「何であんなことをするのか」と注意したそうですが、そうすると義理の娘は、今度は表へ出て泣くのです。念が入《い》っているでしょう。

それでまた近所から、「ああ、ひどいお母さんだ」と言われることになるのです。そうすると、「よい母親になろう」などという意気込みは続かないのです。私たちはすぐに忘れてしまいますが、日常生活においてこんなことはたくさんあるのではないでしょうか。

四　観念を破る現実

先ほど申し上げたように、学校の先生であれば「よい先生になろう」とするでしょう。しかし、そんなことは続くはずがありません。夢や理想を抱いて教員になって、そのままよい先生になれるように思っていますが、現実はそうはさせてくれません。

大谷大学に教育・心理学科が設置されて、小学校の教員免許を取得できる課程ができました。そこで私が最初に送り出したゼミの学生の中に、小学校の先生になった学生が二人いました。その二人に、卒業してはじめての夏に会って話を聞くと、いろいろな愚痴を言っていました。そして「私はあの先輩を何回殺したかわかりません」と言っていました。同僚に対して、頭の中で殺す想像をするほど腹が立っているのです。それは児童に対しても同じだと思います。もうどうしようもない児童がいるのです。それに対して表には出さないかもしれませんが、内心腹が立っているのです。ですから、よい先生になどなれるはずがありません。「よい先生になる」というのは観念です。「よい母親になる」というのもそうです。現実は違うのです。「よい母親に私はなれないのだ」というところに、私たちの「現実」があるのです。

話を母のことに戻しますと、昭和三十五年の八月二十日、私が小学四年生の時に、父親が白血病で亡くなりました。夏の暑い時期でした。私の家族は、父が警察官で駐在所住まいをしていましたので、自分の持ち家はありませんでした。ですから私たち家族は、本当に貧乏することになったのです。義理の娘によって苦労していた母は、さらに今度は夫の死に遭遇したのです。如来は母の観念を破るのに、容赦ありません。大体私たちは、夫が死ぬなんて思ってもみないでしょう。妻は死なないものだとどこかで思っているのです。しかし、何がやってくるのかわからないのが人生です。私ほどの年になれば、奥さんと「さあどっちが先か」と思ったりもしますし、どちらかが先に死ぬのであれば、私は自分が先に死んだほうが絶対に楽だと思ったりもしています。しかし、このような観念を破るのが現実です。

母にとって夫の死は現実です。何となく夫が死ぬことなどないだろうという気でいるのが、観念の生活です。私たちは普段、観念に騙されているのです。ですから清沢先生はエピクテタスの本を読まれてどのようなことに気づかれたかと言うと、

土器は破損することあるものなり。妻子は別離することあるものなり。(8)

と言われています。その部分が日記に書き写されているのです。土器は床に落とせば割れるでしょう。土器は割れる可能性を持っているのです。そして、「妻にも子どもにも別れる可能性があるのだ」と言われているのです。この破損とか別離というものは、私たちを現実に引き戻すのです。

ほかにも、例えば病院に行って癌だと宣告され、自分が死というものにぶつかったら、たちまちのうちに私たちは観念の世界が破られます。そうなれば、途端に悲痛の声を上げるしかありません。北海道のある坊守さんが保育園の園長をされていた時の話です。ある日、園児が飛びついてきて、自分の胸に園児の手が当たったら激痛が走ったそうです。それで飛行機に乗って札幌の病院に行って検査をしたら、癌だったそうです。その方は、「その日から生活が変わった」と言われています。(9) その先生はよい保育園の先生になろうと思って、海外を視察したり、先生を招いたりして研修会をやろうと思われていたのですが、そのような目論見はたちまち破れてしまったのです。ですからその方であれば、「よ

い保育士になろう」という観念が破られて、癌という「今」に帰っていくのです。これが「今現在説法《こんげんざいせっぽう》」(10)に遇う「今」です。こういうことが私たちの人生には起こるのです。私たちの生活は、普段は観念で覆われています。社会や人を善悪の観念で裁きます。しかし、そこに宿業因縁《しゅくごういんねん》の現実が出現してくれば、「まさか」と言わざるを得ないのです。そしてその「まさか」という現実こそが、如来の説法を聞く「今」なのです。

いつまで私たちは観念を食べて生きているつもりでしょうか。いつまで夢を見て生きているのでしょうか。これを破ったのが親鸞です。真宗の教えといって、親鸞は観念を説明してはいないのです。ですから母は、「よい母親」という理想が義理の娘の反抗によって打ち破られ、さらに夫の死という宿業因縁によって観念の生活から現実に引きずり降ろされたのです。すると母は、自分を受け取れないと苦悩するのです。自分の宿業が受け取れないのです。「苦労はいいもんや」とは、とても言えないわけです。そのように受け取れない「今」に立って、はじめて聴聞がはじまるのです。

五　現実の苦悩に応える聴聞

それでは、この聴聞に応えられるお坊さんはいるのでしょうか。実存的な問題に直面して苦労のど真ん中にいる人に対して応えられるお坊さんはどのような人なのでしょうか。お坊さんは人を救済する仕事です。しかし、観念を語っても救済する力にはなりません。「いのちは尊い」というような観念を語るお坊さんなどは自己満足に過ぎません。そうではありません。お坊さん自身が自己の観念を破るために聴聞道に立つのです。「今」に立って聴聞するお坊さんが、人を救済するのです。

曽我先生の話は、苦労のど真ん中で聴聞する者に応え得るものです。中身は難しいのですが、話している内容に関係なく、常に聴聞道に立つ曽我先生の存在が人を済度するのです。教化《きょうけ》というのも、曽我先生の言葉をお借りすれば「自分が救われれば、教化なんかいらないのだ」ということだと思います。ですから、苦労のど真ん中にいる人の聴聞に応えられるお坊さんというのは、そのお坊さん自身が、自分の宿業因縁の現実に帰り、聴聞に立てていればそれでよいのです。そうすれば、自ずと周りの人は育つのです。ですから、いちいち言葉を尽くさなくてもよいのです。生きて見せるのです。

松原先生がご自坊で暁天講座《ぎょうてんこうざ》をしておられた時のことです。お話が終わった後で七十歳くらいの方が松原先生に、「癌になった」という相談をされたことがありました。私は松原先生が何をおっしゃるのか気になって、机の片づけをしながら聞き耳を立てていました。松原先生は片膝を立てて座って、その人に向かって「私も癌をやったことがあります。安心して病院にかかられたらどうですか」と言われました。癌という現実に立てなくて困っている人に対して、松原先生は「自分も癌をやったことがある」と答えられたのです。松原先生ご自身は大腸癌が肺に転移して、亡くなる頃には脳にまで癌が回って、脳が腫れて亡くなっていかれました。「癌をやった」というのは松原先生独特の表現の仕方ですが、「安心して病院にかかられたらどうですか」と言われたら、その方は頷いて帰られました。ですから真宗といっても、面倒な理屈の話は何もありません。教学で言えば、救済とは本願成就であるなどと言われますが、松原先生はそのようなことは一言もおっしゃらないのです。理屈を言わなくても、常に聴聞によって現実に立たれる松原先生の姿が本願成就した姿なのですから、私たちはその姿を見ることによって、妄念が破られて現実に立てるのです。

私は大学時代に、夜眠ることも惜しんで真面目に勉強をしていた時期がありました。それで寝不足になりまして、朝日が射してきた時に、朝日によって目が半分見えなくなったことがありました。これはたいへんだと思ったのですが、今から思えば、あの時はいろいろな心が私の中に起こっていました。私たち一人ひとりは自分で思っているよりもずっと複雑怪奇な人間なのです。と言うのも、目が半分見えなくなって、これは病気だと思うでしょう。病気だと思ったらたいへんだとなるのですが、私は普段から仏教を聞いていて仏教をわかりたいと思っていて、自力無効《じりきむこう》に立てば仏教がわかる、という道理を聞いていたものですから、これはチャンスだと思ったのです。この苦労によって、仏教がわかるかもしれないという思いがあったのです。今から思えばかわいらしいものです。

それで、松原先生のもとへ駆けつけたのです。当時松原先生は、大谷大学の聞思館《もんしかん》という建物の階段を上がったところにご自分の研究室を持たれていて、その時はそこに寺川《てらかわ》俊昭《しゅんしょう》先生と二人で座って話をされていました。そこに慌てて駆け込んだのですが、松原先生は、慌てている私におかまいなく冷静なのです。そして、私が目の見えなくなったことを告げると、「眼科に行ったらいいじゃないですか」とおっしゃるのです。こちらは現実に立てなくてバタバタしているのに、松原先生は「眼科に行きなさい」の一言です。そうすると一緒にいた寺川先生が「大徳寺《だいとくじ》の近くに○○さんという眼科があります」と、眼科の名前まで教えてくれました。ですから私はその大徳寺の近くの眼科へ歩いて行きました。そうしたら、目が見えないのは一時的なものだから心配ないということでした。もうあまり覚えていませんが、もしかしたら病院に行った頃には、すでに目が見えていたかもしれません。ともかく、目が見えないのであれば、見えない現実に立てばよいのです。そして一つひとつ宿業因縁《しゅくごういんねん》に遇っていけばよいのです。遇った今において、聴聞するのです。

六　平常心を得る

ともかく私は、目が見えなくなったことが仏教に目覚めるチャンスだと思ったのです。ところがそこで松原先生が言われるのは、難しい真宗の理屈などではなく、「眼科に行ったらいいじゃないですか」ということであり、それだけの話です。ですから、目覚めとは現実に立つということで、今の話で言えば、目が見えなくなるという予期せぬ業因縁《ごういんねん》によって仏教がわかるのではないかという妄想が破られ、「眼科に行く」ということだと思います。そういう意味で、聴聞によって何を得るのかと言えば、曽我先生はそれを禅宗の言葉で「平常心」だと言っておられます。曽我先生が亡くなられる時の最後の言葉が「正念《しょうねん》は平常心[11]」ということであった、と松原先生がおっしゃっていました。「念仏もうさんとおもいたつこころ[12]」とは、平常心なのです。ただ、妄念が消えて平常心になるのだということです。何ら素晴らしい人間になるのではないのです。自分の宿業因縁を尽くしていける身になるのです。妄想が消えれば宿業を受け取っていけるのです。

　私たちは宿業因縁がやってくれば、いよいよ慌てます。日頃は、現実が観念に覆われて、理想に満ちた輝かしい生活をしていると思っているかもしれませんが、実際に宿業因縁がやってくれば、そのような理想は破られて、たちまち現実に引き戻されます。ですから病院に行って癌を宣告されたら、慌てふためいて、頭の中は妄念妄想でいっぱいになります。観念が破れて露わになった現実を、容易に受け取れないのです。

　私たちは普段、夢のような生活をしています。理想を語り理想に向けて生活します。そういうことで結婚をし、家庭を築くのです。しかし現実は、好きで結婚した奥さんでも思うとおりになりません。逆もまたしかりです。私の知っている若い人で、結婚した人が三人ほどいますが、みんな夫婦生活が思いどおりにいっているかと言えば、そう上手くはいっていないようです。また今後子どもができても、その子どももやがて思いどおりにはならなくなるのでしょう。成長すれば、親の言うことを聞かない子どもになっていきます。そのように、自分では受け取れない現実が、次から次へと出てきます。そして生老病死《しょうろうびょうし》の苦しみと言いますように、生まれれば必ず老や病という現実を生きて、最後は死んでいくのです。人生は次から次へと、業が異熟《いじゅく》して様々な生老病死の現実が出現します。そういう私たちの身を親鸞は「そくばくの業をもちける身(13)」と言います。普段は、そういう業異熟を忘れて生活しているのですが、私たちの生活はそもそも宿業生活なのです。

しかし、そう簡単に自分の宿業には立てないのです。私たちは自分の業を棚に上げて、すぐに被害者になります。「あの人がそのように言ったから、私はこうなったのだ。あの人が悪い」ということを、よく言います。人といざこざが起こっても、「あの人は業が強い」と言って、相手のせいにします。それが娑婆です。このようにいつも被害者面をしたいのが私たちです。しかし、実際は、自分の業がそれを招いているのです。こちらの業が熟して相手を怒らせているのです。そういうことが中々わからないのです。

私たちは、自分に与えられた宿業を受け取れないのです。娑婆というものを受け取れないようにできているのです。娑婆はサンスクリット語で「サーハー（sahā）」と言いますが、それは「雑染堪忍《ぞうぜんかんにん》の土」という意味です。松原先生はよく、「娑婆は耐え忍ぶしかない、汚れたところだ」と言っておられました。そうすると、そのような娑婆で聴聞によって「平常心」を得るとはどういうことかと言うと、そのような汚れた娑婆ではなく、浄土に立場を置くということです。ですから松原先生は親鸞の「樹心弘誓仏地《じゅしんぐぜいぶつじ》(14)」という言葉を大切にされていました。私たちは娑婆を生きているのですが、聴聞によって浄土に心を樹《た》て娑婆を生きるのです。娑婆は必ず迷うところですが、迷っても自分の心は浄土にあるのです。迷いには深いものと浅いものがあり、それこそ様々な宿業因縁によって起こってきます。しかし、いったん浄土を感覚すれば、その感覚というものは忘れられないので、また聴聞して浄土に心を樹てることができるのです。「踊躍歓喜のこころ」は忘れられないのです。これを「薫習《くんじゅう》(15)」と言います。しかし、忘れてしまうこともあります。それは聴聞を止めてしまった時です。聴聞を止めてしまえば忘れてしまうのです。

七　苦労の中にある仏法

私は富山県の福光《ふくみつ》という町の出身ですが、そこに仏教のハッキリした小学校の校長先生がおられました。その先生は月が昇るのを見て、「おーい月よ、俺とお前は一緒だ」と言って、大自然と感応道交《かんのうどうこう》されていました。私は小学生の頃から死ぬのが怖くて布団の上をコロコロと転がりまわっていたことがあったのですが、それを見かねた母親に、その先生のところへ連れて行かれました。するとその先生は、「あそこに雀《すずめ》が鳴いているだろう。あの雀たちは死ぬのを怖がって生きていないだろう」と言われました。しかし、当時はその真意などわかるはずもありませんでした。

その先生は、私が大谷大学に入ったからと言って、靴など様々な必要品を買ってくれました。そして、これはこの先生の家庭の事実ですが、先生の家族は、嫁姑の仲が悪くて、その先生ご夫婦はたいへんそうでした。先生の奥さんがいらっしゃる時はまだそれでよかったのですが、奥さんが先に亡くなられて先生が一人になられると、お嫁さんが舅《しゅうと》であるお父さんが嫌いだということで、先生を老人ホームに入れたのです。息子さんは意気地なしでお嫁さんの味方をするので、お嫁さんの言いなりです。そこにある日、私は母と二人でお見舞いに行きました。するとその先生は、「いやあ、こんな老人ホームには仏法も何もないわ」と言っておられました。

仏法はどこにあるかと言えば、現実にあるのです。宿業《しゅくごう》の熟した現実にあるのです。具体的には人と人の諍《いさか》いにあるのです。ところが老人ホームでは、ご飯も出てきますし、困らない快適な世界が用意されていて、息子夫婦と顔を合わせることもありません。それは人間の作り出した快適、つまり観念によって作り出された快適です。ですから人間味ある快適さではありません。人間的な喜怒哀楽のないところです。ですから老人ホームは快適な生活が保障されているのですが、「仏法も何もない」のです。人間の知恵で作り上げた観念の快適な生活ですから、仏法を聞こうとする「今」が熟さないのです。そのように思います。

仏法は、宿業の現実の「今」において大自然と感応するところにあるのです。ですから、そういう観念の世界では、如来ははたらかないのだと思います。宿業には共業《ぐうごう》と不共業《ふぐうごう》があると言われています。共業とは、親子や夫婦など、同じ環境や境遇を共有しなければならない業であり、不共業とは、誰とも代わることのできない、自分一人が背負わねばならない業のことです。私という一人の人間には、私だけの個人的な不共業がありますが、私を含めた一切衆生を成り立たせている共業もあるのです。そして、個人的な不共業もまた、環境と共感すれば共業となるのです。宿業存在の人間は、一切衆生と共感することができるのです。山川草木《さんせんそうもく》を含めた一切衆生と本能的に共感するのです。そういう共感を起こさせる本能を、快適という観念で覆ってしまったのが老人ホームではないでしょうか。ですから「仏法も何もない」のだと思います。自然との共感において、あるいは一体感においで、心が安らぐのが仏法なのです。かつて池見酉次郎《いけみゆうじろう》という心療内科の草分けとも言える先生が、ＮＨＫの「宗教の時間」で、自然をつかさどる右脳と人知をつかさどる左脳のバランスのとれた心が真宗の信心だ、と言われていました。私は「平常心」とは、大脳の働きで言えばそのようなものだと思うのです。

ですから、私たちは聴聞によって、大自然と共感する「平常心」というものを自分の中にハッキリさせるのです。それはどんな業因縁が襲ってきても、それを自分の人生であると受け止めていける心です。真宗の安心《あんじん》とは何かと言えば、宿業因縁の現実を「はい」と受け取れる心です。それはこの世の全部が如来からいただいたものだと受け取れる心です。

八　本当のことを聞く

私の母の話に戻りますと、私が小学四年生の頃に私の父親が死んでしまい、苦労が母を襲ってきたのです。先日たまたま机の中を整理していたら、昔のアルバムの中から父親の葬式の時の写真が出てきました。昭和三十五年ですから、今から五十数年前になります。

私は小学四年生でしたので、そんなに苦労ということをわかっていなかったはずなのですが、暗い顔をして写っていました。しかし、それ以上に驚いたのは母親の姿です。憔悴し切った様子で、肩の肉が落ちて、小さくなっていました。その写真をよく見れば、私もカメラのほうを向いていませんし、母親も違うほうを見て、姉も前にかがんで目を下に向けていました。要するに、苦というものは観念ではないのです。現実なのです。苦というものは体に現れるものです。そのような写真を見まして、これは相当の苦労だったのだなあと思いました。先ほどはいかにも簡単に「今の自分を引き受ける」などと言いましたが、それはそうに違いないとしても、実際にそれを引き受けるまでにはたいへんな歩みがあるのです。自分を引き受けるためには、引き受けられないという「今」に立たなければなりません。これが聴聞です。

それでその頃に、苦労のど真ん中で肩の力もぬけて小さくなってしまったその母に向かって、「お前に本当のことを教えてやる」と言う人が現れたのです。もう亡くなっておられますが、高光大船の弟子であった、坂木恵定《さかきえじょう》というお坊さんです。かつて曽我先生と金《かね》子大榮《こだいえい》先生が異安心《いあんじん》問題で大谷大学を追放された時に、真っ向から反対したのが、当時大谷大学の仏教科二回生だった訓覇信雄《くるべしんゆう》先生や、松原先生、それから北原繁麿《きたはらしげまろ》先生などという方々でしたが、その中にこの坂木先生もおられました。

坂木先生は毎月一回、ご自坊のある石川県の松任《まっとう》から、当時私たちが住んでいた富山県の福光までバスで来られていました。結構な時間がかかるのですが、「継続は力なり」で、七、八年間は毎月来られていたと思います。それも、集まる聴聞者は多くないのです。母が「人が少なくてすみません」と言うと、坂木先生は「一人万人だ」とおっしゃったそうです。一人信心がわかる者がいれば、それは万人に値するのだということです。

近頃は本堂が聴衆でいっぱいになることを自慢する方もおられますが、蓮如が、

> 一宗の繁昌と申すは、人の多くあつまり、威の大なる事にてはなく候う。一人なりとも、人の、信を取るが、一宗の繁昌に候う[16]。

と言われているように、仏教は人数の多い少ないではありません。お寺の住職の役目は、一人でも他力の信心に目覚める人を生み出せるかどうかなのです。一人の目覚めた人がいれば、それは万人に値するのです。一人の目覚めが、一切衆生に響くのです。親鸞と同じように「本願に帰《き》す[17]」と言える人を一人生み出せるかどうかであり、もっと言えば、この自分が「本願に帰す」ことができるかどうかです。ここにお坊さんは立たなければなりません。「本願に帰す」ところに生涯の仕事があるのです。私一人が如来のはたらきを喜べ

ればよいのです。

九　我が折れた世界

それで、そのような毎月の聴聞によって次第に母にハッキリしてきたことは何かと言えば、それは自我なのです。聴聞の夾雑物《きょうざつぶつ》を取り除いて最後に露わになってくるのが、自分の自我との格闘なのです。自我が強いから如来に「参った」と言えないのです。業因縁《ごういんねん》の現実に対して降参できないのです。聴聞は「世の中の因縁全部に対して、参ったと言え」ということを聞くためにあるのです。如来とは因縁のはたらきです。それは母の場合、父親である高光大船が、苦労することがわかっている子連れの男に、「苦労はいいもんや」と言って嫁がせたことです。また夫がはやく亡くなったことです。そういう自分の身の周りに起こる宿業因縁は何のためにあるのかと言えば、それはお前の我を折るためだということです。私の人生の全てが、自分の自我を折るためのものだと言っても過言ではありません。周りに自分の思いどおりにならない人たちがいるのも、それはお前の自我を折れ、という如来の促しなのです。では、我が折れたらどうなるのかと言えば、どうしてこうなったんだ、という我が折れてお前はそのままでよいという世界に立つのです。ですから親鸞が「仏かねてしろしめして[18]」と言われているのは、「仏はあなたが思う以前から、ずっとあなたのことをわかっているのですよ」という話なのです。宿業因縁において我が折れるところに、「仏かねてしろしめして」という如来と遇うのです。宿業は、私を目覚めさせるための如来のはたらきなのです。

西田幾多郎《にしだきたろう》という日本を代表する哲学者の系譜に、西谷啓治《にしたにけいじ》という先生がおられます。その先生のお話に、次のような喩えがあります。西谷先生が京都大学のキャンパスを歩いている時に、ちょうど工事をしていて機械の音が鳴り響いていたのだそうです。しかし、たまたまお昼休みになった途端に、その工事の機械の音が一斉に止んだのです。そうして止んでみたら小鳥の声が聞こえたと言われるのです[19]。小鳥は機械の音が止むのを待って鳴き出したのかと言えば、そうではありません。はじめから鳴いていたのです。これと同じように、私たちの我が折れたら、ずっと鳴いていた小鳥の声が、はじめて聞こえるのです。ですから、真宗では「聞く」と言いますが、実はそれは「聞こえる」というものです。我が折れたら、自ずと如来の声が聞こえるのです。

仏法を聴聞すると言いますが、聴聞の「聴」は足を運んで自分の自力で「聴く」という意味で、「聞」は自力が破れて自ずと「聞こえる」という意味です。我が折れた時にすでにあった事実に気がつくのです。ですから、「仏さんの声が聞こえたか」という話です。それを、我が身が自分で聞こう聞こうとすれば、むしろ我だけが出てくるのです。それは長続きしません。もういい加減に、その我に参ったと言ったらどうかということになるのです。一見すると、人には我の強い人、弱い人という若干の違いはあるように見えるかもしれませんが、それは表に出ているか隠しているかというだけで、大体みんな我が強いと思います。「参った」と言わないのです。しかし現実は常に、「参った」と言わざるを得ない宿業因縁の世界です。ですから宿業因縁の「今」に立って、自分の人生が宿業因縁であることを聴聞するのです。この世の全部が因縁和合なのです。ですから自分さえ「参った」と言えたら、はじめから、手出しの必要のない因縁の世界にいたことに気づくのであり、それがそのままでよいという如来の世界なのではないでしょうか。

このようなところに、いわゆる「安心《あんじん》」と言われる世界があるのです。今はほとんど安心という言葉は死語になっていて使われません。ましてや真宗の教えは世の役に立つためにあるのだという風潮まであるようですが、安心という土台がなかったら、世の役に立つということも、罪悪深重の自我で汚れているのです。自分が純粋になってこそ、すなわち我が折れて因縁に随順できてはじめて、宿業因縁の現実に帰ることができるのです。これが救済です。おかげ様です、という世界です。

十　素直になる

母は前回の東京オリンピックの時に、金メダルをとって心から喜んで手を振っている選手を見て、「自分はこんな素直に笑えない」と言って自分の我の強さに悩んでは、「モルタルの壁に自分の体をこすりつけてでもいいからこの我をとりたい」と言って泣いていました。ですから、仏教がわかったらどうなるのかと言えば、素直になるのです。素直になって喜べるし、素直になって泣けるのです。素直に喜んだり泣いたりできないというのは我の強い人間です。素直になって、人目をはばからずに喜怒哀楽が表現できるのです。そんな風になったら楽だと思います。自分が困っていても困った顔をしない人がいます。困っていても「助けて欲しい」と言えない人がいます。そういう人を見ると、どこまで我が強いのだろうと思います。それでは如来は遠ざかります。

高光大船は真仮《しんけ》のハッキリした厳しい人でした。ですから大船の前に出ると、心が見透かされるようで、怖いのです。そのような恐ろしい大船を、なぜ学生たちがあそこまで慕ったのか、ということがあります。大船を慕った学生というのは、昭和五年に大谷大学を卒業した訓覇信雄、松原祐善、坂木恵定といった方々です。大船と、その昭和五年卒業組の学生との出会いは、昭和四年に曽我先生と金子先生が異安心問題で大谷大学を追われるという問題を発端とします。訓覇先生たちが反対運動をしたのですが、それも訓覇先生たちの卒業とともに頓挫せざるを得なくなったのです。そこでその時に学生の間で、「もうこの運動は終わったのだから、最後に記念講演をしよう」という話になり、坂木先生が「金沢に変わった坊さんがいる。清沢満之門下ということだけは知っている」ということで、そのお坊さんを呼んだのですが、そのお坊さんが大船だったのです。そしてその講演会で大船は学生に向かって、「お前らのやっている仏教の勉強は、人間を溶かすものではないのか」という話をしたのです。このように大船は、決して優しいわかりやすい話ではなく、相手の機をえぐるような話をするのです。そのような厳しい大船であったのですが、講演会が終わった後、控室に曽我先生が入ってこられると、大船は立ち上がって、曽我先生の手を摑《つか》んで「ご無沙汰しています」と言って泣いたそうです(20)。その無邪気な姿に学生が心を打たれたわけです。人前で泣くのをはばからず、素直に泣いて、素直に喜んで、素直に怒る、そのような姿です。人目を気にしたらおかしくなります。このような人間味あふれる姿が学生の心を打ったというのです。

我が折れたらどうなるのかと言えば、素直になれるのです。正直な物言いができるようになるのです。正直な物言いには邪気がありませんので、人を傷つけません。傷つく人もいると思いますが、そういう人は往々にして、腹に一物があります。その一物が傷つくのです。普通は言い当てられたら、笑うしかないのですが、一物のある人は怒るのです。

私たちは、自分の我が強いことに苦しんでいるのです。つまり、自我が私を苦しめるのです。仏教は「その自我を折れよ」と促すのです。では自我が折れた世界はどんな世界かと言えば、当たり前の世界です。太陽が東から昇って西に沈む世界です。腹が減ったら食べたらよい、眠かったら眠ったらよい、肘枕で手がしびれたら、その手を外したらよい、という世界です。そういうことに気がつくのです。ですから、私の母が聴聞を重ねてついに、いわゆる目覚めた時の第一声は、「自分の足が一歩一歩前に出る。そのことに驚いた」というものであったのです。「自分の足が一歩一歩前に出る」という当たり前の事実に気がついたのです。自我で暗くなっている時は、歩いていても足が前へ出ていることにすら気がつかないのです。母はほかにも、「親鸞も、高光大船も、高光一也《たかみつかずや》も、私も、みんな同じだった」と言っていたこともありました。それが母の、目覚めた姿です。「そうか、みんな一緒だった」と気づいたのです。これは当たり前の話でしょう。みんな人間としてそれぞれの業を持っているのですが、業人であることはみんな同じです。それに気づけば明るくなるのです。そして、明るくなったらどのような苦労がやってきても、明るさを心に念じながら苦悩に処していけるのです。そのような形で聴聞道というものが展開されるのだろうと思います。

十一　今日の因縁

清沢先生、曽我先生、松原先生という先達が明らかにされたのは、十方衆生《じっぽうしゅじょう》にひらかれている、宿業因縁《しゅくごういんねん》を生きる力です。清沢先生が出られなかったら、いまだに未来往生、つまり浄土は死後にある、ということを空想するしかなかったのです。そうではなく、私という宿業の身が今現在において救われなければならないのです。曽我先生が講述された表題には「今日の因縁」とあります。これは「今日」、つまり「今現在《こんげんざい》」を言われているのです。私たちはどこで仏法を聞くかと言えば、業が異熟した「今現在」において聞くのです。そして業異熟の現実において浄土の功徳をたまわるのです。「今日の因縁」という題目の「今日」には、そういう意味があるのではないでしょうか。宿業因縁の「今日」であり、聴聞の「今日」であり、さらに浄土の功徳をたまわる「今日」なのです。これを「現代の因縁」と言えば、観念になるのです。現代というのは、思索の対象となるような、自分を抜きにしたものですから、そこには、業を生きる、「今日」はありません。そうではなく業異熟の「今現在」において聴聞するのです。そこに浄土を感覚するのです。

先ほど、北海道の坊守さんの生活が、癌の宣告を受けたことによって一変したという話をしました。そこに、自分の生き甲斐である「よい保育士になる」という理想生活を転換して、癌の身に帰り、癌にかかったという現実を受け取るために聴聞することになったのです。しかし受け取るために聴聞すると言っても、実際は、それが受け取れないという「今現在」において、説法して止まない如来の声が聞こえるというものなのです。すなわち如来は、「様々な因縁が熟して、今のあなたがあるのだ。今のあなたは、因縁の熟した癌の身だ。それは間違いのない私のはたらきである。そのはたらきを、癌を受け取れないという「今現在」において聞け」と言っているのです。未来に向けられていた矢印が、癌によって、「今現在」の自分に帰るのです。ですから、浄土は癌の身にあるのです。如来は、癌の身において「今現在説法」されるのです。「今現在」において浄土と感応するのです。「今現在」は浄土と娑婆の接点です。ここに立つのが聴聞なのです。

曽我先生のつけられた「今日の因縁」というタイトルは、一見平易なのですが、この「今日」という言葉は実に重いのです。自分の宿業因縁の熟する「今日」に帰り、日常の観念を破って因縁和合の現実を生きる力をたまわるのです。これが浄土のはたらきであり、「今日の因縁」なのだということが思われます。

註

（1）『高光大船の世界』3、法藏館、一九四頁。
（2）『曽我量深講義集』第八巻、彌生書房、一三四頁。
（3）『真宗聖典』東本願寺出版、六二九頁。
（4）同前、六一六頁。
（5）同前、四〇〇頁。
（6）同前、二六五、二七一頁。
（7）同前、二六五頁参照。
（8）『清沢満之全集』第八巻、岩波書店、三五六頁。
（9）『癌告知のあとで―私の如是我聞―』探究社、一九〜二一頁参照。

(10) 『真宗聖典』一二六頁。
(11) 『仰せをこうむりて—曽我量深先生鸞音忌記念講演集—』文栄堂、一七七頁参照。
(12) 『真宗聖典』六二六頁。
(13) 同前、六四〇頁。
(14) 同前、四〇〇頁。
(15) 中村元『広説仏教語大辞典 上巻』東京書籍、三五二〜三五三頁参照。
(16) 『真宗聖典』八七七頁。
(17) 同前、三九九頁。
(18) 同前、六二九頁。
(19) 『西谷啓治著作集』第二十巻、創文社、二二一頁参照。
(20) 『人間性回復への道—同朋の会・運動までの一典型—』法藏館、一八〜二一頁参照。

曽我量深先生に聞く 2 ――現在進行形の聴聞――

一 信心のアップデート

私たちは聴聞《ちょうもん》によって、自分自身に素直になれたらそれでよいのだと思います。しかし人間は、色々と勝手に思いを抱いて面倒なものです。いったん仏教がわかったとしても、今度はわかった仏教がいつ消えるのかを心配するのです。このままでよいのだろうかと心配するのです。そんな心配しなくても、ダメな時はダメになるのですから、そうなればまた聴聞をはじめたらよいだけの話です。それなのに、私たちは聞いたことにも執着して、わかったことを後生《ごしょう》大事に持っていこうとするものですから、複雑になるのです。新しい因縁は毎日やってくるのです。ですから毎日新しく、パソコンではありませんが、信心をアップデートしていくのです。そうして私たちの信心を更新していくのです。信心の溝を浚《さら》えると言いますが、そこに聴聞があるのです。

　私たちが聴聞していく上での問題は、第二十願に誓われているような自己にあると思います。第二十願に誓われる自己について親鸞は、『教行信証《きょうぎょうしんしょう》』「化身土巻《けしんどのまき》」に、次のように述べられています。三願転入《さんがんてんにゅう》の直前にある文章です。

> 悲しきかな、垢障《くしょう》の凡愚《ぼんぐ》、無際《むざい》より已来《このかた》、助《じょ》・正間雑《しょうけんぞう》し、定散心雑《じょうさんしんざつ》するがゆえに、出離《しゅつり》その期《ご》なし。自ら流転輪回《るてんりんね》を度《はか》るに、微塵劫《みじんごう》を超過すれども、仏願力に帰《き》しがたく、大信海に入りがたし。良《まこと》に傷嗟《しょうさ》すべし、深く悲歎すべし。おおよそ大小聖人・一切善人、本願の嘉号《かごう》をもって己《おのれ》が善根《ぜんごん》とするがゆえに、信を生ずることあたわず、仏《ぶっ》智《ち》を了《さと》らず。[1]

　これは実に恐るべき、親鸞の自己告白なのです。念仏を称えていても、それを「本願の嘉号をもって己が善根とする」ほど、私たちの迷いの根は深いのです。これが第二十願に誓われる自己であり、それを「不定聚機《ふじょうじゅのき》」[2]と言います。それについて江戸時代の講録などには、「半自力・半他力」[3]というように解釈されていますが、それでは今一つわかるようでわからないのです。と言うのも、ここに親鸞が告白している第二十願に誓われる自己というのは、第二十願に誓われていることを解説しているのではなく、実際の生活の中から発せられた、実に厳しい自己洞察なのです。聴聞する中で、否応なく出遇わなければならないのが第二十願に誓われるような自己であったのです。ですからこれは、私たち自身が聴聞して実験しなければ、わからないものなのです。

曽我量深《そがりょうじん》先生は、「半自力・半他力」ということについて、次のように言われています。

自力と他力は深い関係をもつ。自力と他力が別のものなら、二十の願は分からぬ。二十の願に来ると、自力・他力は縺《もつ》れている。そういうところに深信《じんしん》がある。二十の願が分からなければ十八願も分からぬ。(4)

この「自力・他力は縺れている」という言葉は、曽我先生が自身の具体的な聴聞生活において実験された言葉であるように思います。ですから、頭で整合性をとろうとしても理解することができない言葉なのだと思います。それをたとえ頭で考えてわかったとしても、それは「わかった気になっている」というだけのことではないでしょうか。ですから曽我先生は、次のように言われています。

本当に自力無効《じりきむこう》に達するのは容易ならぬことである。仏法の教えは、一応分かったと言うが、本当に分かることになると、事実について長い間の経験を積んで行かなけ

ればならぬことである。⑸

「本当に自力無効に達するのは容易ならぬことである」というところに、曽我先生の聴聞の苦労が込められているように思います。仏教というものは、そう簡単にわかるものではないのです。頭でわかっても、わかったことにはならないのです。実際に自分が仏教に生きてみて、はじめてわかったことになるのです。

では、第二十願の内容である「本願の嘉号をもって己が善根とする」ということを自分の生活実験に降ろしてみたら、どうなるのかと言いますと、例えば、仏教のお話を聞くことによって自分をなだめようとしたりすることではないでしょうか。あるいは「他力の救済」ということを聞いて「なるほど」と頭で頷き、それでもって自分だけが仏教をわかった気になって、「あなたも聞いたらいいですよ」と人に教えるというようなことではないでしょうか。これらは、本来如来の持ちものである他力念仏を、自分一人がわかった気になって、自己を立てる材料にしてしまっているのです。それを「己が善根とする」と言うのです。しかしそのようなものは、例えば交通事故や病気などの業因縁《ごういんねん》に遭遇しますと、全部吹っ飛んでしまいます。そうなると、わかった気になっていたのは、単なる頭での理解でしかなかったことが教えられます。実際に身に襲いかかる業因縁には、仏教を頭で理解したところで間に合わないのです。このように、仏教と実際の生活とが一枚になっていない自己の姿が第二十願に明らかにされているのです。

若き曽我先生に、「食雪鬼《しょくせつき》、米搗男《こめつきおとこ》、新兵《しんぺい》」という一文があります。明治四十五（一九一二年）年の文章ですが、そこに第二十願に誓われる自分が告白されています。次のような一節です。

自分を顧みれば全身多く雪に包まれ、雪を吸ひ、雪を吹く所の一箇の怪物である。此《この》時《とき》我は宗教家たるを忘れ、学生たることを忘れ、国家社会を忘るゝ。而《しか》して遂に人間たることも忘るゝ。自分は此時唯《ただ》一箇の野獣に過ぎぬ。此時は如来も忘れる、祖師も、師友も忘れる。嗚呼《ああ》自分は従来口には愚痴と云ひ、悪人と云ふと雖《いえ》ども、心には慥《たしか》に堂々たる宗教者、一箇深玄の思想家を以て、密に自負しつゝをるものである。口には一肉塊と卑謙しつゝ、心には如来に依りて活きつゝあると自任しつゝあるものである。(6)

私たち真宗を学ぶ者は、すぐに自分のことを「悪人」だとか「愚者」だとかと言いますが、そんな簡単に「悪人」や「愚者」にはなれません。「悪人」や「愚者」ということを口にすれば、そこには必ずそれを聞く人のことが意識されています。つまり、自分のことを「悪人」や「愚者」と言う裏には、必ず「私は念仏者だ」ということを見せびらかせたいというような自負があるのではないでしょうか。私たちは、口ではすぐに「私はどうしようもない人間だ」と言いますが、その裏には「私はどうしようもない人間だということがわかっている宗教家だ、思想家だ」という自負があるのです。そのように口では謙遜していても、自分で自分を立派な宗教家だ、と自任しているような自分自身を、曽我先生は自分の中に発見しておられるのです。

曽我先生は、清沢満之《きよざわまんし》先生の建てた真宗大学が閉鎖となり、京都に移転されることが決定した明治四十四（一九一一）年に故郷の越後に帰られました。失望の内に故郷に帰られたのです。そして、その越後の雪深い大地において、誰にも隠しておきたいような、赤裸々で恐るべき自分自身に出遇われたのです。そういう自分のことを、曽我先生は、越後から山形にかけて伝えられている雪を食いものにしている恐るべき鬼に喩えて、「食雪鬼」と言われているのです。自分自身を「食雪鬼」に見定めておられるのです。自分でも見たくないような鬼のような自分、それが「食雪鬼」です。これが第二十願の課題です。若き曽我先生の課題は、第二十願に誓われる自分であったのです。

もう一つ、曽我先生が大正二（一九一三）年に書かれた「田舎寺の研究生活」という文章を見てみたいと思います。

念仏は面である、自我は鬼でないか。念仏は生涯脱ぐことの出来ぬ面である。念仏が面であり自己が鬼であると知れば、面を脱ぐことが出来ないと共に、面を被るの苦痛は愈々《いよいよ》深い。茲《ここ》に我祖聖《わがそせい》の内心には不断の戦が行はれて、その心界は念々刹那《せつな》に革新せられた。祖聖は念々に久遠劫《くおんごう》から流転《るてん》生死《しょうじ》せる、旧人生の最後の一念に立つて居られた。同時に尽未来際《じんみらいざい》を包む所の新人生の初一念《しょいちねん》に立つて居られたのである。即ち我祖聖は常に如来と初対面をなし、常に信の初一念に居り、常に白道《びゃくどう》の第一歩を蹈《ふ》み、常に第一声の念仏を唱へ、常に新なる本願の勅命に接して御出になつた。我祖聖に在りては生涯旧人生と絶縁遊ばされなかつたのである。而して旧人生の最後の念が同時に新人生の第一歩である、随て旧人生の最後に立ち給へる祖聖は同時に他力願海の最新の一兵卒であると自観せられたであらう。(7)

曽我先生によれば、親鸞は法然《ほうねん》の許しを得て肉食妻帯の在家生活に入られたのですが、その甘き夫婦生活において、その生活の酔いが醒めた時に襲ってくる罪意識に苦しまれたと言うのです。曽我先生は親鸞に成り切るようにして、自分の本当の姿は「鬼」であると言われます。どこまでも甘き夫婦生活に浸っておりたい鬼である、と言われるのです。そして、念仏はそういう自分の「鬼」であることを隠す「面」ではないか、と言われるのです。そういう仮面生活に、親鸞は苦痛を感じられたのです。

私たちは往々にして、仮面の念仏生活を真の生活だと思っています。そういう私たちには、親鸞の苦痛を知る由もありません。仮面に慣れっこになり、やがて仮面を自分の本当の顔だと錯覚するのです。ここに私たちの聴聞への不純さがあるのです。純粋に聞かなければならない仏法を、自分の不純さを隠す手段にしてしまうのです。面の皮の厚い私たちは、仏法に遥かに遠い存在であるのです。

そういう意味で、親鸞の「念仏は面である、自我は鬼でないか」との叫びは、実に重いのです。この「鬼」との叫びにおいて、親鸞が如来と値遇されたことは銘記すべきです。「鬼」であるとの一念において「旧人生」の最後に立たれたのです。そして同時に、親鸞は如来との対面をはたされたのです。ここに親鸞は「新人生」の「初一念」に立たれたのです。このように曽我先生は言われます。

この私はどこまでも「鬼」です。しかし、その「鬼」であるとの一念は、如来によって照らされた新人生の第一歩であったのです。

ここで着目したいのは、曽我先生の「常に新なる本願の勅命に接して御出になつた。我祖聖に在りては生涯旧人生と絶縁遊ばされなかつたのである」という言葉です。私たちは聴聞すれば、鬼の自分と言うべき旧人生と決別できると考えているのではないでしょうか。ところが曽我先生は、親鸞が「生涯」、「鬼」の自分とは絶縁されなかったと言われています。そして「常に」「信の初一念に居り」、「常に」「白道の第一歩を蹈み」、「常に」「第一声の念仏を唱へ」、「常に」「新なる本願の勅命に接して御出になつた」と、「常に」と言われています。私たちは常に、自分が「鬼」であるとの一念においてのみ如来との値遇が許されるのです。そして、その「鬼」なる自分との値遇において、その都度その都度「新たなる本願の勅命」を聞くのです。「鬼」なる自分であるからこそ、常にそこにおいて如来に出遇うことができるのです。

ともかく曽我先生は、「二十の願に来ると、自力・他力は縺れている」とおっしゃっていますが、それが本当にややこしいと思います。「他力」と口にした段階で、それは私の自力なのです。では、どうしたら純粋な他力の道に立てるのかと言えば、そのためには第二十願に誓われる自己というものが自分自身にハッキリしなければならないのです。自力の自分というものを深く掘り下げなければなりません。ですから親鸞は、

本願の嘉号をもって己が善根とするがゆえに、信を生ずることあたわず、仏智を了らず。かの因を建立《こんりゅう》せることを了知することあたわざるがゆえに、報土《ほうど》に入ることなき

なり。(8)

と言われます。他力の念仏を自分の善根にしてしまうような第二十願に誓われている我執の自分では、絶対に他力の境界には入れないのです。救われないのです。そういうことを曽我先生は「纏れている」と言われているのであり、親鸞は「本願の嘉号をもって己が善根とする」と言われているのです。

そして続けて、親鸞は、

　ここをもって、愚禿釈《ぐとくしゃく》の鸞《らん》、論主《ろんじゅ》の解義《げぎ》を仰ぎ、宗師の勧化《かんけ》に依って、久しく万《まん》行《ぎょう》・諸善《しょぜん》の仮門《けもん》を出でて、永く双樹林下《そうじゅりんげ》の往生を離る、善本《ぜんぽん》・徳本《とくほん》の真門《しんもん》に回入《えにゅう》して、ひとえに難思《なんし》往生の心を発《おこ》しき。しかるにいま特《まこと》に方便の真門を出でて、選択《せんじゃく》の願海に転入せり、速やかに難思往生の心を離れて、難思議《なんしぎ》往生を遂《と》げんと欲《おも》う。果遂《かすい》の誓い、良《まこと》に由《ゆえ》あるかな。ここに久しく願海に入りて、深く仏恩《ぶっとん》を知れり。至徳を報謝せんがために、真宗の簡要《かんよう》を摭《ひろ》うて、恒常《こうじょう》に不可思議の徳海を称念す。いよいよこれを喜愛《きあい》し、特《こと》にこれを頂戴《ちょうだい》するなり。(9)

と言われます。これは「三願転入」の文です。親鸞は「ここをもって」ということで「本願の嘉号をもって己が善根とする」ような自分を受けて、この文章を述べておられます。

「論主」とは曇鸞《どんらん》、「宗師」とは善導《ぜんどう》です。特にその二人の導きによって「諸善の仮門」、つまり方便の門を出るのだと説かれます。それは具体的には「双樹林下の往生」という第十九願の自力往生の「仮門」を出て、「善本・徳本」すなわち念仏の門に入るのだと説かれます。その念仏の門が「難思往生」です。いわゆる自力分別を超えんとする境界なのですが、ここに入るのがなかなかの関門です。分別を超えることを、自力の分別をもって成し遂げようということになってしまうのが第二十願の大問題なのです。自力で分別を超えるということは絶対にあり得ないことです。ですから私たちは浄土には生まれられないのです。ここに私たちの絶対に救われない理由があるのです。聴聞とはこのことを自分自身に明らかにするためにするのです。

要するに、「自分はダメなんだ」ということを明らかにするのです。聴聞によってそのことが我が身に決定すれば、それでよいのです。何故《なぜ》なら、その決定がすでに如来のはたらきであったということだからです。絶対に救われない、と自覚すれば、そこにはすでに如来からの橋が架けられていたというのです。曽我先生で言えば、「祖聖は念々に久遠劫から流転生死せる、旧人生の最後の一念に立つて居られた。同時に尽未来際を包む所の新人生の初一念に立つて居られたのである」ということです。「旧人生の最後の一念に立つ」のが、親鸞で言う「難思議往生を遂げんと欲う」です。これが絶対に救われないということの決定です。絶対に救われないということが決定されると、「遂げんと欲う」という意欲が湧き出てくるのです。ここに「果遂の誓い、良に由あるかな」と、自力などではない他力の願力を実感するのです。これが「新人生の初一念」なのです。

私の母はよく、「あんたが甲斐性いいから仏さん黙っているのやわ」と言っていました。また、「あんた、なかなか参ったと言えんやろ」と言っていました。こういうことは全部、生活の中での第二十願のしぶとい「己が善根」根性を言い当てたもので、ここに救われないという決定があるのです。そしてここにおいて救われるのです。

二　思考停止

私はよく、絶望に直面している人に向かってあたかも希望を持たせるかのごとく言われる、「どのように行き詰まっても、そこには必ず道がひらかれます」というような言葉を耳にします。そういうことは、特に仏教を聞いている者が言いかねない言葉のように思います。しかし、私はそうではなく、「すでにこの道あり」[10]ということを思うのです。これは二河白道《にがびゃくどう》の譬えの言葉です。一人の行者が、行くも帰るも止まるも死の難は避けられないという「三定死《さんじょうし》」というところにおいて吐いた、決断の言葉がこれです。[11] ですから「必ず道がひらかれます」というのは、この道しかなかったという絶望者自身の決断の言葉でなければなりません。それを「行き詰まっても必ず道がひらかれます」と人から言われても、それは「そうでしょうね」という程度のものでしかないのです。

私はこの行者の、「すでにこの道あり」の「すでに」という言葉に、特に注目したいのです。行者の決断には、「すでに」という形で、如来への感覚があったに違いないのです。「旧人生」の最後の一念における「新人生の初一念」への感応です。旧人生において新人生と共感するのです。共感するということが、「すでに」この道があったのか、という驚きです。私に仏を念ずるという心が起こってみれば、それに先立って仏から念じられてあったとの感応が「すでに」なのです。ここに純粋他力があるのです。この「すでに」を『歎異抄《たんにしょう》』には、「仏かねてしろしめして[12]」と言われています。これも行き詰まりにおける如来との感応です。「かねて」から如来は私を救おうとしておられたのだ、という如来との共感です。

さらに言えば、親鸞は『教行信証』「信巻《しんのまき》」の信楽釈《しんぎょうしゃく》に、「法爾《ほうに》として真実の信楽なし。[13]」

と述べられます。そしてこの「法爾」という言葉について親鸞は、「如来の御ちかいなるがゆえに、しからしむるを法爾という(14)」と言われますように、私たちに「真実の信楽」のないことは、如来の「御ちかい」であったと述べられるのです。真実の信心がないことは、如来の「かねてしろしめ」すことであったというのです。ですから私たちに真実の信心がないことがハッキリするということは、如来のはたらきを知るということなのです。ここに如来との感応の世界があります。

しかし私たちは、如来に任せきれないものですから、真実の心を新たに得ようとするのです。ここに迷いがあります。迷いとは自力執心です。そしてこの自力執心は、「真実の信楽なし」というところにおける如来との感応において、消えるのです。感応する心は私に起こるものですが、私のものではなく、我を救わんとする如来のはたらきそのものです。そしてその感応の内実が「すでに」、「かねて」と表現される、自分に先立って如来がはたらきづめにはたらいていたということへの驚きなのです。すなわち、「すでにこの道あり」ということは、一切の妄念の消滅です。即座に思考停止するのです。救われるも救われないもすべて如来の「かねてしろしめて」おられることであった、ということで、考えるという自力執心の迷いが止むのです。「すでにこの道あり」ということで如来と感応すれば、自ずと思考が止まるのです。ここに救済があります。

高光大船《たかみつだいせん》は南無阿弥陀仏について、「南無ははからいをやめよ、阿弥陀仏はほら楽だろう」と言っています。私たちは自分の分別で自分を縛っているのです。ですから、それに気がついた段階で、もう止めたらよいのです。分別を止めたら、即如来と感応するのです。ですから新しいものを摑む必要もないのです。止めてみたら、すでに道があったという感動です。ここに念仏が湧き出るのです。

コップに水がいっぱいに入っているとします。当然ですが、水がいっぱいに入っているコップには空気は入っていません。ではそのコップを空気で満たそうとするならどうすればよいのかと言うと、コップの水を捨てて空にすればよいのです。空っぽにしてみたら、自然に空気が満ちるでしょう。「考えることを止める」とはそういうことです。止めれば妄念妄想が消えて、もともと他力の世界にいたことに気づくのです。すでに道があったということになるのです。ここに如来と感応する世界があります。

ですから私たちは、考えること自体は止みませんが、その都度「ああまたやってしまった」と笑っていればよいのです。その笑顔が考えることの放棄であり、如来との感応です。感応とは自我から解放されることです。こういうことを曽我先生はおっしゃっているのだと思うのです。「二十の願に来ると、自力・他力は纏れている」というところの「纏れている」とは、曽我先生の生活実験からくる言葉でしょう。他力を、「これが他力です」と言えば、言っている本人の全体は自力です。念仏を「己が善根」としているのです。ここに纏れが生じるのです。しかし纏れるのですが、如来の世界は「すでに」とか「かねて」と言われているように、私たちの纏れを包んで遥かに大きいのです。私たちは、娑婆を生きていく中で、ずいぶんと好きだとか嫌いだとか言って様々な思いを懐くのですが、そういうように善悪や邪正《じゃしょう》、幸福や不幸などを判断することが「己が善根」なのです。また、問題を仏教によって解消しようとするのも「己が善根」です。これを仏教利用と言うのです。ところが如来は、そういう「己が善根」しか行えない私たちのために浄土をひらいておられるのです。「すでに」、あるいは「かねて」より浄土をひらいておられるのです。そういう如来のはたらきに気がつけば、「そうであったか」というかたちで思考が停止しているのです。「そうであったか」が帰命《きみょう》の一念であり、その帰命の一念において浄土は向こうからひらけてくるのです。ですから、「南無」において、如来と感応できるのです。

三　面授の師

ところが、思考停止というのはそう簡単にはできないのです。なぜなら、自分で思考停止をしようとしたら、「思考停止しよう」という思考が働いてしまうからです。これは人間の抱えている矛盾であり、求道の縺《もつ》れです。それで曽我先生は、「本当に自力無効に達するのは容易ならぬことである」とおっしゃっています。思考停止とは蓮如《れんにょ》の言葉で言えば、「思案の頂上と申すべきは、弥陀如来の五劫思惟《ごこうしゆい》の本願にすぎたることは、なし⑮」ということです。曽我先生の言葉で言えば、自力の極限、つまり「自力無効」ということです。「仏法の教えは、一応分かったと言うが」というのは、私たちはすぐに思考して仏教をわかったところに立ってしまうのです。しかし曽我先生は、「二種深信は、第二十願があって初めて成り立つ⑯」という文章の中で、「本当に分かることになると、事実について長い間の経験を積んで行かなければならぬことである」と言っておられるのです。そして、続けて、

このことは、仏教において「見惑《けんわく》」「思惑《しわく》」ということがある。見惑を断ずる位を「見《けん》

道《どう》」と言う。思惑を断ずる位を「修道《しゅどう》」と言う。

法然上人の教えによって親鸞聖人が真実信心を獲《え》られた時から見惑はなくなったが、思惑はある。

自力と他力は全く二つ別のものであろうと、簡単に割り切ることは出来ないものだ。一応、見惑は見道において一瞬に断じ尽くすものであるが、思惑の方は、一つ一つに当たって善知識《ぜんちしき》の教えを思い出し、如来の本願を憶《おも》い出して、だんだんに乗り超えて行く。

だから、信の一念さえあれば問題ないという大雑把な考え方では、人生の問題を解決することは出来ない。

見道の智慧を得たことで、それからさらに一生涯かかって思惑の問題がある。自力無効ということを一々の事実について証明しなければならぬ。

二十の願は、修道において思惑の始末をして行く仕事であると考えるなら、私どもは一生涯の間、二十の願が必要であると考えても差し支えないのでなかろうかと思う。(17)と言われます。仏道には「見道」、「修道」、「無学道《むがくどう》」という「三道《さんどう》」があります。「見道」とは、はじめて仏教の真理に出遇ったということで、それを「見惑」が断ぜられたと言います。「修道」においては、その見道を具体的に生活実践していくことで、それによって「思惑」が断ぜられ、ここに「無学道」に入るとされます。そして「無学道」で仏道は完成するのです。それを親鸞に対応させますと、「見道」において「本願に帰す」ということはわかったのですが、次にそれをもって生活することになります。生活で実践するのです。これが中々たいへんなのです。なぜなら生活はそう簡単に割り切れるものではないからです。親鸞は法然に出遇って、「雑行《ぞうぎょう》を棄てて本願に帰す(18)」という回心《えしん》がありましたので、本願ということがわかるにはわかったのです。しかしそれが実際の生活になりますと、「本願に帰す」ことが揺らぎ出すのです。叩かれれば痛いという生身の身体をもって業因《ごういん》縁《ねん》の生活を送る者にとっては、「見惑」を超えられたとしても、娑婆の生活において再び迷妄に襲われるのです。ですから、これで完成したというような仏道は、娑婆で生活する私たちにとって、あり得ないのです。娑婆にいる限り信心が揺らぎ、不明に襲われるのです。例えば親鸞は、二十九歳で「本願に帰す」ということを経験されましたが、越後流罪において新たな迷妄に襲われました。ここに仏道を求める者の苦労があるのです。回心において「見惑」を断じた者は、その後の迷妄の生活において、以前に経験した「本願に帰す」ということを役立てようとし出すのです。つまり「見道」を摑むという問題が出てくるのです。「見道」を摑もうとするのは分別です。それが「思惑」です。過去の経験によって考え出すのです。このように私たちは、常に本願を分別し思索するという「思惑」に襲われるのです。その中で最後には、考えても考えてもわからない、となるのです。これが「思案の頂上」です。

当たり前のように思索する私たちは、この「思惑」に囚われるのです。晩年の親鸞は次のように言われています。

弥陀仏は、自然《じねん》のようをしらせんりょうなり。この道理をこころえつるのちには、この自然のことは、つねにさたすべきにはあらざるなり。つねに自然をさたせば、義なきを義とすということは、なお義のあるべし。これは仏智の不思議にてあるなり。(19)

「自然」ということを沙汰すれば、もはや「自然」ではないのです。「無義の義」を思索すれば、もはや「無義」ではないのです。こういう矛盾を抱えているのが人間です。ですから何でも分別することを是とする人間は、必ず迷うようになっているのです。しかし常に迷うからこそ、常に晴らされるということもあるのです。これが肝心です。常に迷うからこそ、常に晴れた世界を感覚できるのです。ここに「思惑」の問題があり、聴聞生活の豊かさがあります。「無義の義」を思索して義にしてしまうという「思惑」は、常に晴らさなければならないのです。それを曽我先生は、「一つ一つに当たって善知識の教えを思い出し、如来の本願を憶い出して、だんだんに乗り超えて行く」と言われるのです。「一つ一つ」の「思惑」において、その「思惑」を超えるのです。どうしたら超えられるのかと言えば、曽我先生は「善知識の教えを思い出」すことによって超えられると言われています。

ここでの「善知識」とは、「面授の師」ということでしょう。「面授の師」と言うと、何だか偉い人のように思えますが、そうではなく、「面授の師」とは南無の生活者のことです。その人の南無の生活があまりにも「自然」なのを見て、「なるほど」と感銘を受けるのです。「自然」の生活者の言葉は、一つひとつに仏法が生きているのです。ですから、仏道に立つには、その人の日暮らしを見ていたらよいのです。

「自然」とは、「自然というは、もとよりしからしむるということばなり[20]」や、あるいは、「かたちもましまさぬゆえに、自然とはもうすなり[21]」と親鸞が言われているように、自分に与えられた生活に満足し、特段念仏者ぶったりはしないような人のことです。昔はそのような方がたくさんおられたのですが、今は門徒さんの中にそういう仏法を聞き抜いた方は少なくなってきているように思います。「目覚めさせる」人がいないのですから、仕方がありません。高光大船や暁烏《あけがらす》敏《はや》先生がおられた頃には、門徒さんの中に多くの目覚めた方がおられたかもしれませんが、そういう方々は、今はご存命だとしてもほとんど七十～八十歳代です。例えば、金沢の郊外に、高光大船の教えを聞いた平木《ひらき》年《みのる》さんという方がおられます。平木さんは生活で悩むことがあって、大船について仏法を求められたのです。すると大船は、「仏法のわかった家はどんな家なのか見たかったら私の家に来なさい[22]」と言われたそうです。それで大船の寺に行った時の様子を次のように述懐しています。

大船先生は先生で茶飲んだり、物書いてらした。そして、一也《かずや》先生は一也先生で、忙しくその辺飛び回ってらした。一也先生の奥さんは奥さんで、働いておられ、大船先生の奥さんは奥さんで、先生の食べ物やなんかのことで忙しく働いておられた。なるほど、仏法がわかった人はこんなんかなと思うたです。だれも干渉するものもおらんというか、鼻鳴らす人もいなければ、自分のことを一生懸命にやっておるだけ。みんなそれぞれ分担があるっていうか、自分の分があるっていうか。それは見とっても気持ちが良い。ほんとに、仏法が生活だって、こういうことなんかなと思いました。干渉しあわんてだけでね、別に仲の良い普通の家庭と変わらん。けど、干渉しあわんと、

我が身の持ち分だけを一生懸命に生きておられた。これはわしの自己解釈やけどね、そう思いました。(23)

「仏教がわかった生活とは何か」と思って大船の寺に行ってみた平木さんは、「普通の生活ではないか」とおっしゃっているのです。つまり、仏教がわかった生活とは普通の生活なのです。そしてそれぞれが自分に満足していますので、干渉しあう必要がないのです。こういうところで私たちの「仏教がわかりたい」という力みが消えていくのです。「仏教がわかりたい」という「思惑」が消えて、「わかってもわからなくても同じ」という世界に触れるのです。仏教がわかった生活を想像し、何か大きく変わった生活や、勇気百倍の生活になるのかと思い描いて、いざ仏教がわかった人の生活を見に行ってみたら、何も特別なこともなかったと言うのです。ですから、「善知識の教えを思い出し」というのは、その人の生活振りを思い出し、ということだと言ったほうがよいのかもしれません。

私は松原祐善《まつばらゆうぜん》先生から、もちろん学問的なことも教えられましたが、それよりも大きなことは、先生の生活者としての生き様を目の当たりにしたことです。具体的な念仏者としての生き様が、稀有の教化力《きょうけりょく》を発揮するように思えるのです。

四　如来の本願を憶い出す

そしてその次に、曽我先生は「如来の本願を憶い出して」と言われています。「如来の本願を憶い出」すということは、「すでにこの道あり」ということを思い出すということだと思います。「すでにこの道あり」という言葉を覚えておかれたら、それだけでずいぶんと親鸞の教えが身近になるのではないかと思います。必死に求めて道を発見するのではないのです。「すでにこの道あり」ですから、発見する前に「すでに」道が用意されてあったということなのです。私たちが「太陽が出たら明るい」ということを発見したのか、と言えば、そうではないでしょう。そのような理屈を考える前に太陽は出て明るくなっているのです。そういう事実をいかにも「私が、太陽が出たら明るいということを発見しました」と言うのは、愚の骨頂です。

それと同じように、新しいことを発見しなくても、如来の本願、他力、というのは「すでに」であり、「かねてしろしめして」というものなのです。私たちが考えることよりも遥かに大きいのです。私たちが何を言ったとしても、如来からすれば「もうすでにわかっているぞ」ということなのです。ですから「だんだんに乗り超えて行く」とありますが、それは一念一念において如来の声がハッキリするかどうかなのではないでしょうか。

話を戻しますと、一つひとつの生活の迷妄において、面授の先生、すなわち具体的に念仏に生きた人を思い起こし、そこにすでにこの私に用意されていた如来のはたらきを感じ取っていくことが具体的な仏道の内容だと思います。その都度その都度、自分の生活の一つひとつの局面において、「すでに」用意されてあった如来のはたらきを実験していくのです。ですから、「信の一念さえあれば問題ないという大雑把な考え方では、人生の問題を解決することはできない」と曽我先生はおっしゃるのです。ここで曽我先生が「人生の問題」とおっしゃっていることには、注目すべきではないでしょうか。これについて、生活者として一生を送った大船を見れば、「人生の問題」を抱えて、その抱えた人生の問題の一つひとつから、すでに自分に用意されてあった如来回向《にょらいえこう》を感じ取っておられるのです。

例えば大船は、

元旦の年賀客の一人が「お前のやうな人は早く死ね」と云ふのであつたが、私は終《つい》に一生をこの罵倒で追はれつづけて死ぬのではないかと思ふほど、人生の野良犬ぶりが思ひ出されるのである。然し奇妙なことには私はこの人のこの罵声を「土《ど》は是《こ》れ無量《むりょう》

　光明土《こうみょうど》」と聞いたことである。[24]

と言われています。元旦に門徒によって罵倒された大船でしたが、その罵倒された声に、如来のはたらきを実験しておられるのです。これは、あの罵声は、私を無量光明土に生まれさせんがための、如来のはたらきそのものであったとの感動ではないでしょうか。世の一切が、この私を目覚めさせようとしているのです。そういう意味で、私の住んでいる国土は、すでに荘厳《しょうごん》されてあったと大船は言うのです。そういうことを一生涯かかって明らかにしていくのです。ですから曽我先生は、「見道の智慧を得たことで、それからさらに一生涯かかって思惑の問題がある」と言われるのです。つまり「自力無効ということを一々の事実について証明しなければならない」ないということです。「自力無効」とは、大船の言う国土が荘厳されてあったとの感銘と同じです。これに一生涯、一つひとつの局面にあたって「ああ、そうであったか」と頷くのです。ですから、

　二十の願は、修道において思惑の始末をして行く仕事であると考えるなら、私どもは一生涯の間、二十の願が必要であると考えても差し支えないのでなかろうかと思う。[25]

とあります。要するに、聴聞生活における大きなエポックは何かと言いますと「自力無効」です。「自力無効」において、分別を超えて「自然法爾《じねんほうに》」[26]の生活、つまり如来の「し

からしむる」生活であることに気づくのです。そして、この気づきに二つの必須条件があると思うのです。一つは、混沌とした第二十願の出口の見えない生活実験です。分別の行き詰まりです。救われたいと必死に思うことです。しかし、私たちはそういう第二十願の生活にあっても、中々それが聴聞にはならないのです。自力無効なのに自力をたのむしか道を知らないからです。そこでもう一つの必須条件は、他力に生きている人から教えを聞くということです。「他力に生きている人」とは、如来の「すでに」という声を聞いて生きる生活者です。その生活者から「すでに」という教えを真剣に聞くのです。ここに時機が熟して、思考停止というところにおいて南無の一念が発起するのだと思います。真宗は「あなたはすでに助かっているのです」という教えですが、その教えに頷くためには、自力無効と言いますか、分別の間に合わないところに帰らなければなりません。分別が間に合わなくなれば、そこに自ずと「南無」が起こるのです。『唯信鈔文意《ゆいしんしょうもんい》』に、

法身《ほっしん》は、いろもなし、かたちもましまさず。しかれば、こころもおよばれず。ことばもたえたり。この一如よりかたちをあらわして、方便法身ともうす御すがたをしめして、法蔵比丘《ほうぞうびく》となのりたまいて、不可思議の大誓願をおこして、あらわれたまう御かたちをば、世親菩薩《せしんぼさつ》は、尽十方無碍光如来《じんじっぽうむげこうにょらい》となづけたてまつりたまえり。(27)

とあるのは、そのことを意味しています。「すでに」の世界は「法身」の世界であり、そこは「いろもなし、かたちもましまさず」、また「こころ」も「ことば」も届かないと説かれています。ではどうしたら私たちは「すでに」の世界を実感できるのかと言えば、「すでに」という一如法身の世界から「方便法身」として、法蔵菩薩が「御すがたをしめして」本願を建立し、私たちの上に南無として「あらわれたまう」ことによるのです。自力無効において こちらの分別が途絶えれば、向こうから南無することが私に届けられていた、というわけです。自力無効において、はじめて南無ということが与えられてあったことに驚くのです。

五　新しく法を聞く

私たちは、やはりどこかで「救われたい」というような求道的な悩みを持っていないと、師との出遇いもないのだということを思います。「救われたい」という欲求が、私を曽我先生の言葉と出遇わせるのです。曽我先生の言葉が、私の悩みに響いてくるのです。ここに思考停止がハッキリします。曽我先生の言葉に感応するのです。もはや考えても無駄なのです。ですから私はもっともらしく「私は考えています」という難しい顔をしている人を見ますと、道化師のように思えてしまうのです。曽我先生は、次のようにおっしゃいます。

信心が自覚の信となるには、二十の願の自力の信心というものを内容とする。これが退一歩する道である。これを果遂と言う。二十の願を見出す時に、どこまでも自分自身に自力がある、その自力に対して仏の教えが常にある。つまり、新しく法を聞く。[28]

「二十の願の自力の信」は自力無効です。常に自力分別で満ちている自分が断絶する時、「果遂の誓い」によって他力の世界に入るのです。しかしひとたび他力に入ったらそれで完成かと言えば、そうではありません。生きている限り第二十願の自力分別がつきまとうのです。絶えず自己保身のために分別するのです。例えば、夫婦喧嘩において、それを丸く収めようとして仏教の理屈によって自分をおさえつけて、奥さんに謝って見せるというようなことです。自己保身のためには、分別して謝って見せるほどのことまでするのです。まさに私はそういう自力分別で、この二、三日暗かったのです。しかしまた、暗いということがあるものですから、曽我先生の文章が我が身に響くのです。

曽我先生は、自覚の信は「二十の願の自力の信心というものを内容とする」とおっしゃいます。ですから信心は複雑なのです。「恥ずべし、傷むべし[29]」と親鸞は言われていますが、それは「二十の願の自力の信」に対するものです。「自力の信心」とは、仏教を自分の生き様の足しにしようとするものです。親鸞はそれを、「本願の嘉号をもって己が善根とする」と言われています。それは、本来如来の持ちものである念仏を、自分の利益のために利用しようとする根性で、そういう根性を唯識《ゆいしき》では末那識《まなしき》と言います。末那識とは自己執心のことで、それは人間の特長である「考える」心、すなわち分別心のことです。人間の分別心には末那識が底流しているのです。これが第二十願の「自力の信心」の本性です。例えば学生のみなさんが「論文を書くために仏教を勉強する」というのは第十九願の意識で、これには自力を尽くさなくてはなりません。それが次第に、論文を書いてどうするのか、となれば、だんだんと第二十願の香りがしてきます。第二十願の香りとは、例えば、論文を書いて、あわよくば大学に残りたいという魂胆が見えてくるようなことです。第十九願では単に論文を書くという努力ですが、その論文執筆の根底には地位や名誉を求めるという第二十願の末那識が潜んでいるのです。しかし、いくら地位や名誉を求めても、いわゆる因縁で動くのが娑婆の道理ですから、それはなるものはなるし、ならないものはならない、ということでしかありません。ですから、第二十願に説かれるような自力執心に基づく魂胆は、末通らないのです。このような事実に立って曽我先生は、「二十の願を見出す時に、（中略）自力に対して仏の教えが常にある」というような注目すべき言葉を言われています。第二十願の末那識という自力の信心には、常に如来の教えがはたらいていることを述べておられるのです。ですから「新しく法を聞く」ということがあるのです。曽我先生は次のように言われます。

私どもは、自力であって自力を知らぬ。念仏に止まった時に自力我情に堕ちた、そうすると自力疑心というものが分からない。自分が立派に本願の行者であると済ましてしまうというと、慚愧懺悔《ざんきさんげ》もなくなる。人間は傲慢《ごうまん》となる。(30)

自分も含めてそう思うのですが、みんな念仏を「わかってしまっている」のです。「自分は親鸞の教えを知っている」というところに立ってしまっているのです。ですから「自力であって自力を知らぬ」のです。自分は立派だとどこかで思っていますので、自力執心というものには思いも及ばないのです。そういう私が、滔々《とうとう》と念仏を説いても、その底には自力疑心があるのです。自分が一番偉いと思っているのです。しかし、自分ではそれに気づかないのです。慚愧も懺悔もあったものではありません。それほど傲慢なのです。

この自己執心は、死ぬまで続くものなのではないでしょうか。私たちはいつも、「自分は立派に本願の行者である」というところで済ましてしまう人間なのです。

さらに曽我先生は言われます。

絶体絶命は二十の願のところにある。罪悪深重《ざいあくじんじゅう》の自覚は二十の願のところにある。(31)

先ほどから言っていますように、第二十願は末那識です。すなわち末那識の自己執心が常にうごめいていますので、暗いのです。自己執心とは、人から仏教がわかった者として見て欲しい、というような心で、そのような一物を持っていれば暗くなるのは当然です。しかし、曽我先生は「自力に対して仏の教えが常にある。つまり、新しく法を聞く」と言われています。自己執心がうごめく自分に対して「仏の教えが常にある」のであり、自力執心の自分を場として「新しく法を聞く」のです。ここにおいて、つまり第二十願の信心において聞法《もんぼう》することで、はじめて「真に仏教がわかった」ということになるのです。「私のような「恥ずべし、傷むべし」というべき身なればこそ、法が聞こえた」というところに、真の救いがあるのです。

そのように、仏教がわかれば別に法を説かなくてもよくなるのです。そんなことをしなくても、その人の顔から暗さが消えて、日々の生活に執着が消えるのです。娑婆の物事にさほど拘《こだわ》らなくてよくなるのです。どのような宿業因縁《しゅくごういんねん》と遭遇しても、「そうなっているのだった」ということで受容することができるのです。ですから、迷いに帰って悩むこともあるのですが、悩んでいると言うけれども、どこかに明るさがあるようになるのです。悩んでいるのですが、どこかで笑顔があって余裕ができるのです。それは、「そうなっている」としか言いようのない世界を知っているからです。そして、だからこそ、聴聞せずにはおれなくなるのです。聴聞し続けて、絶えず「そうなっている」世界を自分の宿業において実験したいということになるのです。

ともかく曽我先生は、第二十願の自己を「絶体絶命」、「罪悪深重」と見定めて、そこにおいて仏と遇うことを説かれているのです。「仏と遇う」とは、「果遂の誓い」に遇うということです。

先日も、久しぶりに、昔一緒に聴聞していた学生から電話がかかってきました。その彼が、「先生の最近の心境はどのようなものですか」と聞くものですから、今お話ししているようなことを思っている、と言いますと、彼は驚くのです。彼は、昔に聞いたことをもって、お寺で法を説いているのです。彼はいまだ絶体絶命を経験したことがありません。そういうところで法を説きますので、どこか傲慢なのです。そして、慚愧も懺悔もなく傲慢になれば、聴聞が途絶えるのです。聴聞がなければ、仏道は錆《さ》びてくるのです。そういう意味で、第二十願の自力無効を実験しない仏道に、曽我先生の言われるような、「新しく法を聞く」ことはないのです。もっと言うなら、第二十願まで深まらない仏道は、分別した仏教を掲げるだけのものなのです。

仏道は念々に分別を超えて、新しくなければなりません。一刻一刻更新されなければならないのです。因縁が変化すれば、それにともなって仏道も変化するのです。今の因縁は過去の因縁とは異なるのですから、過去の仏道は、今には通用しないのです。それほど仏道は、新鮮なのです。日々更新されなければ、過去に聞いたことをもって今に当てはめなければならないことになります。そういう仏道は、もう腐ってしまっているのです。

六　宿業における勅命

曽我先生は、

絶体絶命の壁にぶつかって初めて聞其名号《もんごみょうごう》が了解される。どうすることもならぬところに初めて善知識に遇うて聞其名号が了解されるのである。(32)

と言われます。分別心をもって無分別の世界を求めて求道すれば、「絶体絶命の壁」にぶつかるのです。ですから、絶体絶命において分別の無効を知らされることで、はじめて如来の声が聞こえるのです。そういう意味で、分別の無効において「聞其名号」するのです。「聞其名号」は念仏の伝統の中に自己を見出したということで、無分別の世界なのです。ですから曽我先生は、

二十の願があるから、十七願が開けて来、宿善開発《しゅくぜんかいほっ》する。(33)

と言われています。

私たちの迷いは、分別心にその根っこがあります。ですから、分別して娑婆の善悪邪正を決めるのですが、それがなかなか末通らないのです。何が善で何が悪か、わからなくなるのです。ですから厳密に言えば、分別心は私たちの現実には無効です。人間は、善悪邪正の定めようのない因縁の娑婆にいるのです。因縁の娑婆ですから、いつもアクシデントに襲われる可能性の中で生きているのです。ここに人間の自力無効の生活があります。「絶体絶命の壁」があるのです。そして、その自力無効の世界こそが、「なるほど、そうなっていたのか」という驚きの世界でもあったのです。

春になれば新芽が出るし、秋になれば紅葉もする美しい世界です。それは人間が生まれて必ず死ぬという世界です。そういう「自然法爾《じねんほうに》」の世界は、分別すればいろいろと理屈はつくかもしれません。しかしそういう分別を受けつけないのが、「自然法爾」の世界で

す。ですから「自然法爾」の世界に触れるには、必ず分別心の絶体絶命の実験がその根底になければなりません。第二十願の絶体絶命の実験において第十七願がひらけてくると、曽我先生は説かれているのです。このような第二十願において第十七願を実験するということが宿善開発の聞其名号です。第二十願においてのみ、如来のはたらきが聞こえるのです。

第十七願とは、諸仏が称名《しょうみょう》し咨嗟《ししゃ》して止まない願のことです。諸仏と言うべき私たちの先達が、自らの生死において念仏に目覚めてきたのです。念仏とは如来のはたらきそのものです。諸仏によって間違いないものとして伝えられてきた如来のはたらきが念仏の伝統となって、私たちのところに届けられているのであり、それが第二十願において身につくのです。第二十願の問題は第十七願がなければ明確になりませんし、第二十願の衆生は第十七願に聞思《もんし》しないと救済されないのです。

曽我先生は続けて、

二十の願というものは諸刃の剣である。
十八願の内に二十願あり、外に十九の願がある。しかしながら二十願はまた外にある。
十九の願に対しては二十願は十八願の内にあるが、しかしながらまた同時に外にある。
十九の願は専ら外にある。二十の願は内にして、また外にある。(34)

と言われています。第十九願とは分別の願ですので、分別を超えようとして聴聞することで、はじめて念仏を知るのです。しかしそれは念仏を知識として理解したということで、そういう意味で第十九願はまだ如来の外にあるのです。しかし第二十願は、「念仏は単なる知識ではなくて如来回向《にょらいえこう》である」というように分別しますので、言っていること自体は内のものなのですが、結局は分別ですのでそれを如来の外に出してしまうのです。他力念仏を「己が善根」とするということです。そうして「他力にまつわる自力分別を脱することは不可能である」というところに聴聞の関門、行き詰まりがあります。しかしこの関門をくぐらないと念仏には届かないのです。念仏に届くということは、如来の声に頷くということです。そこではじめて念仏が私の身の上に立ち上がるのです。念仏は第二十願を経なければ、純粋他力にはなれないのです。ですから曽我先生は、

二十願というものが正しく本当の欲生我国《よくしょうがこく》である。(35)

と言われるのです。「欲生我国」の如来の声は、第二十願の機において聞こえるのです。何が聞こえるのかと言えば、衆生に呼応する念仏の伝統が聞こえるのです。「欲生我国」は、第十七願の念仏の伝統を、「不可」ということを通して衆生に伝えるのです。ここに曽我先生は、

十九の願にも欲生我国があり、二十願に欲生我国があり、第十八願にも欲生我国がある。けれども十九の願の欲生我国は、これはかりそめのものに過ぎない。何かのために過ぎない。

二十願の欲生我国というものは、第十八願の内にあってまた外にある。ただいたずらに外にあるものではなくして、内にあって外にある。だからして二十願は立体的である。立体的ということは自証である。自覚自証をもつ。

ただ十九願と十八願だけでは平面的である。[36]

と言われます。「欲生我国」は機の三願である第十八、十九、二十願に説かれるのですが、[37]その中でも曽我先生は第二十願の「欲生我国」に着目しておられます。第十九願の「欲生我国」は、如来を第十八願の外において分別するものであり、第二十願の「欲生我国」は、如来への分別の無効なることを知らしめるものなのです。第二十願では、衆生がどのように自力を尽くしても、自力分別では絶対に無分別には至らないことがハッキリするのです。そのように、自力分別の無効が知らされることで、第十八願の「欲生我国」がハッキリするのです。すなわち、第二十願の「欲生我国」によって、分別が無分別へと転換するのです。そしてこの転換において、衆生が「すでに」如来のはたらきの中にあったことが知らされるのです。

「欲生我国」というのは「如来の勅命」です。それを私たちが聞けるのは、第二十願の絶体絶命においてです。第二十願の絶体絶命において「如来の勅命」を聞くということは、宿業の身における如来との感応です。そしてその感応は、如来が我が宿業の主体となるということなのです。第二十願の「欲生我国」は、この私が宿業の身であることをハッキリさせるものです。「聞我名号《もんがみょうごう》、係念我国《けねんがこく》、植諸徳本《じきしょとくほん》」（我が名号を聞きて、念を我が国に係《か》けて、もろもろの徳本（念仏）を植えて）[38]と誓われるように、どこまでも自力念仏しかできない身であることを教えるのです。ここに第二十願の「欲生我国」の意味があります。ですから曽我先生は、次のように言われます。

二十願になると「聞我名号」とある。

聞我名号が十八願になくて二十願に出て来るのは如何《いか》なる理由によることか。これを問題にした人はない。

十八願成就のためには、一方に二十願が成就し、一方に十七願が成就しなくてはならぬ。そうでなくては十八願の成就はない。かかる重大な問題に触れた人がいない。昔より浄土真宗の上において、三願転入ということを言うけれども、第十八願・第十九願・第二十願というものが皆別のものだと考えられておる。

十八・十九・二十の三願が初めから別のものだと考えられておるならば、それでは本当の三願転入ということは成り立たぬのである。

本願が本願自らを証明するところの、その原理は何処《どこ》にあるかと言えば、即ち欲生我国というところにある。だからして本願の欲生我国を、親鸞聖人は『教行信証』に解釈されて、欲生我国は如来が諸有《しょう》の衆生《しゅじょう》を招喚したもう勅命であるとするのである。(39)

第十八願は、第十七願に対しては「聞其名号」ということで、念仏の伝統に聞思することを促します。私たちの称える念仏は、単なる神秘的な体験ではなく、無始已来《いらい》の如来のはたらきに目覚めたという、その諸仏の歴史に帰入《きにゅう》する念仏なのです。大自然のはたらきのように、「おのずから(40)」、「しからしむ(41)」というはたらきの中に自己を発見したというのが念仏なのです。「私はそうなっていたのだ」という宿業の身の事実への驚きです。清沢先生が自己の存在を「絶対無限の妙用《みょうゆう》に乗托《じょうたく》して、任運《にんうん》に法爾に此の現前の境遇に落在せるもの(42)」という言葉で述べておられますが、それは如来によってなさしめられた宿業の身であったとの自己発見ではなかったかと思います。

さらに第二十願に誓われてある「聞我名号」は、この迷いの衆生である自分に、如来のはたらきが届けられている事実を聞けよ、という促しのように思います。どこまでも自力執心の衆生は自力無効の存在です。第二十願の願文に「聞我名号、係念我国、植諸徳本」（我が名号を聞きて、念を我が国に係けて、もろもろの徳本（念仏）を植えて）とあるように、如来は衆生に念仏を称えることを勧めるのです。すなわち、如来の「欲生我国」との勅命は、衆生に自力で念仏を称えることを促すのです。そして、それによって衆生に自力無効であることを知らしめるのです。第二十願の「欲生我国」は、衆生に「絶体絶命の壁」の宿業の身であることを自覚させるのです。

機の三願に誓われている「欲生我国」は、第十八願では「聞其名号」ということで第十七願に聞思して念仏の真実義を明らかにすることを知らしめると同時に、第二十願では「聞我名号」とはたらきかけて自力念仏の不可なることを知らしめるのです。自力念仏とは十方衆生の本質です。末那識のことです。その不可において「絶体絶命の壁」に呻吟《しんぎん》するのが衆生なのです。そして、実に如来は、そのような衆生に、「欲生我国」ということで救済の真実性を「聞《もん》」することを促しますし、またそれが「聞我名号」に成就して、衆生に自力無効の宿業の身であることを知らしめるのです。如来の「欲生我国」は、衆生に「聞」を勧めて、宿業の身と念仏とが一体であることを明らかにしているのです。ここに救済があります。

宿業の身の自覚を抜きにしては、救済はありません。そしてその自覚は同時に、念仏の伝統への帰入であったのです。

註

（1）『真宗聖典』三五六頁。
（2）同前、三三一五頁。
（3）『教行信証講義』真仏土・化身土の巻、法藏館、一一二三三頁。
（4）『曽我量深先生の言葉』大法輪閣、六八頁。
（5）同前、六九頁。
（6）『精神界』第十二年、第三号、精神界発行所、一四頁。
（7）『曽我量深選集』第三巻、彌生書房、五七頁。
（8）『真宗聖典』三五六頁。
（9）同前、三五六～三五七頁。
（10）同前、二三一〇頁。
（11）同前、二二一九～二三一一頁参照。
（12）同前、六二九頁。
（13）同前、二三一八頁。
（14）同前、五一〇～五一一頁。

(15) 同前、九〇一頁。
(16)『曽我量深先生の言葉』所収。
(17) 同前、六九頁。
(18)『真宗聖典』三九九頁。
(19) 同前、五一一頁。
(20) 同前。
(21) 同前。
(22)『同朋会運動の原像—体験告白と解説—』法藏館、八頁参照。
(23) 同前、八頁。
(24)『高光大船著作集』第二巻、彌生書房、五頁。
(25)『曽我量深先生の言葉』六九頁。
(26)『真宗聖典』五一〇〜五一一、六〇二頁参照。
(27) 同前、五五四頁。
(28)『曽我量深先生の言葉』七〇頁。
(29)『真宗聖典』二五一頁。
(30)『曽我量深先生の言葉』七〇頁。
(31) 同前。
(32) 同前。
(33) 同前。
(34) 同前、七〇〜七一頁。

(35) 同前、七一頁。
(36) 同前。
(37) 『真宗聖典』一八頁参照。
(38) 同前、一八頁。
(39) 『曽我量深先生の言葉』七一～七二頁。
(40) 『真宗聖典』五一〇、五四八、六〇二頁。
(41) 同前。
(42) 『清沢満之全集』第八巻、岩波書店、三六三頁。

あとがき

本書は、昭和二十八年に福成寺《ふくしょうじ》本堂建設発起記念として出版された曽我量深《そがりょうじん》先生の講話録が本《もと》になっています。これを直道学舎《じきどうがくしゃ》にて是非《ぜひ》再刊したいという発案のもと、水島見《みずしまけん》一《いち》先生にお願いして、先生の福成寺での鸞音忌法要《らんのんきほうよう》（二〇一五年七月三日）のご法話と、大谷大学での講義「清沢満之《きよざわまんし》論」の一コマ（二〇一五年六月二十五日）を「付論」として掲載させていただき、『今日《こんにち》の因縁』はここに再び日の目を見ることになりました。

初版の『今日の因縁』は、私の曾祖父である大友良照《おおともりょうしょう》が発行人として自費出版されていました。曾祖父が残した書籍には清沢先生・曽我先生のものが多数あり、清沢先生を嚆《こう》矢《し》とする近代真宗の生きた信心の伝統に傾倒《けいとう》していたことが思われます。今また、曾孫になる私が、清沢・曽我両先生に聞思《もんし》される水島先生にお遇いすることができ、その生きた信心に触れ得る機縁をいただき、そして『今日の因縁』の再刊に携《たずさ》わらせていただけたことに、不思議な因縁と、この上ない幸せを感じます。

また、『今日の因縁』を再刊することの発端の一つに、直道学舎主催の曽我量深先生の鸞音忌法要を、毎年私の自坊である福成寺にて勤修《ごんしゅう》させていただくことになった、ということがあります。曽我先生は本書の中で、「本当に生死の巌頭《がんとう》に立つことができたのを、お助けを得たと言う」とおっしゃいます。それは、「生死の巌頭」と言われる宿業《しゅくごう》の身を自覚するところに救済があるということであり、それ以外に仏道はないということにほかなりません。まことに曽我先生なくして、真宗の主体的な自覚道《じかくどう》を了解することはできないことが思われます。「鸞音忌」を掲げる以上、曽我先生の言われる「生死の巌頭が現在《げんざい》安住《あんじゅう》の場所である」ということを、私一人の中にハッキリさせなくてはなりません。その意味において、この『今日の因縁』が、私の求道聞法《きゅうどうもんぼう》の第一歩となることには、身の引き締まる思いがあります。

しかし、いくら曽我先生が本物であっても、それを観念にしていくのが私であって、そのような私には、直接業のところで叱責してくれる面授の先生が必須であることが思われます。本書の付論をご執筆くださっている水島先生もまた、生活の中で常に面授の師である松原祐善《まつばらゆうぜん》先生を憶念《おくねん》され、清沢満之先生に傾倒《けいとう》され、曽我量深先生に聞思《もんし》されます。私はその姿を目の当たりにして、そこに因縁に随順《ずいじゅん》していくという全く厳《いか》めしくない気楽な大道《だいどう》を感じます。しかしそれと同時に、気楽さとは真逆の、失敗を恐れて自分を改善して、娑婆を利口に生きようとする自分の姿が浮き彫りになります。すなわち先生のお姿そのものが、私を叱責してくださり、常に「大道に出よ」と勧めてくださっているのです。

水島先生からお聞きしたことですが、松原先生は曽我先生に導かれ、繰り返し浄土と娑婆の分限について言及されて、「浄土を持たなければ娑婆を生きていけない」とおっしゃっていたそうです。私たちが浄土を求めることがなければ、一生娑婆に心を立てて、娑婆の問題解決に右往左往していく空しい生活しかない、と松原先生はおっしゃるのです。私たちの人生の一大事は、大死一番《だいしいちばん》して聴聞《ちょうもん》して浄土を求め、迷いの生死を超える道に立つことに尽きるのだと思います。

しかし私は、それが口だけになり、いまだに生活を改善して、娑婆を上手く生きようとする娑婆未練者の自分がいることを思います。あるいは、聞いた仏教をも自分を落ち着けるための道具にし、転ばぬ先の杖にしていこうとする仏教利用の自分が露《あら》わになって、仏《ぶっ》法《ぽう》から遠いことを感じます。水島先生は娑婆の問題に捉われて愚痴を言う私に、「大友はいつまでそんなところにおるつもりや」と言われます。そして、「問題の解決ではなく、自分が晴れるかどうかだ」と言われます。これらは、私の娑婆に塗《まみ》れた生活の中で先生の肉声として聞こえてくる言葉です。業因縁《ごういんねん》の娑婆では、本当に問題が解決することはないのだと思います。そんな解決の問題にかかりはてることはやめて、一刻もはやく現在の「生死の巌頭」に立ち、自己の不明を晴らし、娑婆を超える道に立たなければなりません。私が自坊《じぼう》福成寺において曽我先生の鸞音忌法要を勤修するのも、ここに『今日の因縁』を再刊するのも、ひとえに自己の生死の迷いを超えること一つのためであります。

本書を再刊するにあたって、直道学舎の面々にはたいへんご尽力いただきました。原本からの文章の取り込み作業を清水晃秀氏（東京教区長野六組本覚寺）に、編集や校正作業を上島秀堂（北海道教区第四組円楽寺）、橋本彰吾（大阪教区第八組円受寺）、波佐谷信道（小松教区第二組松岡寺）、白城真史（小松教区第二組静照寺）、井上泰之（東京教区千葉組勝善寺）各氏に担当していただきました。そして直道学舎の主幹であられる佐々木秀英氏（三条教区第十組光円寺）には、本書再刊に向けての企画から文章の校正、編集行程での助言など、あらゆることに全面的にご尽力いただきました。そもそも私が直道学舎で聴聞させてもらうようになったきっかけは、月に一度水島先生のご自宅で開催されている、高光大船《たかみつだいせん》先生が発行していた雑誌『直道』の輪読会に、佐々木氏から誘われたことでした。佐々木氏はこちらの機微《きび》を見抜いて、時に厳《きび》しい業の指摘をします。しかし、それが私にとって何よりの聴聞となることを思います。この場をお借りしてお礼申し上げます。

そして、「付論」をいただきました水島先生には、お忙しい中にもかかわらず大幅に加筆修正をいただきました。先生は常に現在の心境において、松原先生を憶念し、曽我先生に聴聞されます。師の肉声が聞こえるところで、仏道が具体的になるものと思われます。その現在進行形で求道されるお姿に触れさせていただくことは、何ものにも代えがたいことです。ここに改めてお礼申し上げます。

最後になりますが、厳《きび》しい出版情勢のなか、刊行を快諾してくださった方丈堂出版の光本稔社長、そして再刊の流れのご相談から編集までお世話になった上別府茂編集長に、篤くお礼申し上げます。

なお、『今日の因縁』を再刊するにあたって、初版の不備を補い、全面校訂を施《ほどこ》しました。その一切の最終責任は編者である私一人にあります。

直道学舎　大友法隆

曽我量深（そが　りょうじん）
1875（明治8）年新潟県に生まれる。1899（同32）年真宗大学本科卒業。1902（同35）年真宗大学研究院卒業。真宗大学教授等を経て、1951（昭和26）年大谷大学名誉教授。1961（同36）年大谷大学学長。1971（同46）年逝去。主な著書に『曽我量深選集』全12巻（彌生書房、1970～72年）、『曽我量深講義集』全15巻（同、1977～90年）、『曽我量深講義録』上下巻（春秋社、2011年）、『他力の救済〔決定版〕』（方丈堂出版、2015年）など。

水島見一（みずしま　けんいち）
1950（昭和25）年富山県に生まれる。1973（同48）年大谷大学文学部仏教学科卒業。1978（同53）年大谷大学大学院文学研究科博士後期課程仏教学専攻満期退学。2008（平成20）年大谷大学文学部教授。2016（同28）年大谷大学定年退職、大谷大学特別契約教授に就任し、現在に至る。博士（文学）。主な著書に『近·現代真宗教学史研究序説—真宗大谷派における改革運動の軌跡—』（法藏館、2010年）、『信は生活にあり—高光大船の生涯—』（同、2010年）、『大谷派なる宗教的精神—真宗同朋会運動の源流—』（東本願寺出版、2007年）、『如来に芝居させられていた人生—生死を超える道—』（文栄堂、2016年）、『臘扇—清沢満之聞敬録—』（同、同年）、編著は『曽我教学—法蔵菩薩と宿業—』（方丈堂出版、同年）など。

今日《こんにち》の因縁《いんねん》〔決定版〕

二〇一六年七月二〇日　初版第一刷発行

著　者　曽我量深・水島見一
発行者　光本　稔
発　行　株式会社　方丈堂出版
京都市伏見区日野不動講町三八-二五
郵便番号　六〇一-一四二二
電話　〇七五-五七二-七五〇八
発　売　株式会社　オクターブ
京都市左京区一乗寺松原町三一-二
郵便番号　六〇六-八一五六
電話　〇七五-七〇八-七一六八

印刷・製本　亜細亜印刷株式会社

ISBN978-4-89231-149-9